Inhalt

Die Pilze in diesem Buch sind nach äußeren Merkmalen geordnet. Vergleiche die Merkmale und finde die richtige Art.

Weitere Pilze mit Hut und Stiel

Bärbel Oftring

Welcher PILZ ist das?

85 HEIMISCHE PILZARTEN ENTDECKEN

KOSMOS

Impressum

Mit Illustrationen von von Tanja Böhning. Fachliche Beratung durch Tanja Böhning.

Mit Farbfotos von:
Adobe Stock: adaptice photography: S. 2-3; @nt: S. 95 u.; Alexander Kurlovich: S. 67; Astrid Gast: S. 92 u.r.; claudettethebat: S. 22; creativeFamily: S. 06 o.; geertweggen (2): S. 9, 99 u.r.; Martin Rettenberger: S. 80 u.; Michael Drak: S. 76; mirkograul: S. 59; Peredniankina: S. 93 u.l.; philip kinsey: S. 107 o.; Pixelmixel: S. 94 o.m.; Quade (2): S. 92 u.l., 93 o.; raz_sarbaste: S. 14 o; 7monarda: S. 91 l.; sylvia pasquet: S. 97 m.; schulzie (2): S. 90 m.l., m.r.; Schmutzler-Schaub: S. 79; tiger2506: S. 99 m.; Vladimir Gerasimov: S. 103 u.; whitestorm: S. 106 u.m.
Shutterstock: Carmen Rieb: S. 8; cheetahok: S. 103 o.; mikeledray (2): S. 104 (Lamellen); Soloviova Liudmyla: S. 100 o.; Videologia: S. 102 u.
Wikimedia Commons: Bernypisa: S. 98 (Spitzkegeliger Knollenblätterpilz); Bogdan Mihai: S. 86; Brudersohn: S. 105 m.; Christian Hummert: S. 91 u.r.; Ellen Larsson: S. 96 u.r..; Hagen Graebner: S. 69 u.r.; Jerzy Opioła: S. 45; Oilys: S. 69 u.l.; Toffel: S. 99 (Frühjahrs-Lorchel); User:Strobilomyces: S. 98 (Kahler Krempling); Volker Croy: S. 90 u.
OKAPIA: A.& H.-F.Michler: S. 92 m.; David Scharf: S. 107 m.; NAS/Martin Shields: S. 77 u.; Scimat/NAS: S. 93 u.r.
Weitere: Böhning (4): S. 15, 38, 70, 87; Bollmann (34): S. 16, 18, 19, 21, 23, 27, 31, 35, 37, 39, 43, 46, 47, 48, 49, 53, 54, 56, 58, 62, 63, 64, 65, 71, 72, 73, 74, 81, 82, 89, 95 m., 98 (Grüner Knollenblätterpilz, Spitzbuckeliger Raukopf), 99 (Gift-Häubling); CDC/Dr. Edwin P. Ewing Jr. (1): S. 106 u.r.; Christian Gold: S. 68; Fernandez: S. 51; Frank Hecker (5): S. 94 o.l., o.r., 96 u.l., 97 u., 101; Gebert: S. 52; Gminder (18): S. 10, 12, 17, 24, 25, 33, 40, 41, 42, 55, 57 u.r., u.l., 60, 61, 78, 80, 83, 88, 102 o.; Hermosilla: S. 97 o.l.; Müller (5): S. 44, 66, 75, 95 o., 99 (Orangefuchsiger Raukopf); Peter Gregor (3): S. 97 o.r., 105 o., 106 u.l.; Sigrid Walter (2): S. 100 u., 104 u.

Umschlaggestaltung von Nakischa Scheibe unter Verwendung eines Farbfotos von Arco Images/Veeser Wolfgang/Getty Images (Fliegenpilze) und Illustrationen von Tanja Böhning.

Klappengestaltung von Nakischa Scheibe unter Verwendung von Illustrationen von Tanja Böhning.

Unser gesamtes lieferbares Programm und viele weitere Informationen zu unseren Büchern, Spielen, Experimentierkästen, Aktivitäten Autorinnen und Autoren findest du unter kosmos.de

Gedruckt auf Cradle to Cradle™ zertifiziertem Papier.

Pfizerstraße 5–7, 70184 Stuttgart
kosmos.de/servicecenter

ISBN: 978-3-440-17429-6
Redaktion: Veronika Lang
Layout: Nakischa Scheibe und Sigrid Walter
Satz: Nakischa Scheibe
Produktion: Lena Santamaria
Druck und Bindung: Gugler Print/Gryf Direct
Printed in Austria/Imprimé en Autriche

Nr 1 Button: * Quelle: Media Control MC Metis, DACH, FY 2024, WG 42- Natur, Umsatz

Haftungsausschluss

Alle Angaben in diesem Buch erfolgen nach bestem Wissen und Gewissen. Sorgfalt bei der Umsetzung ist indes dennoch geboten. Der Verlag und der Autor übernehmen keinerlei Haftung für Personen-, Sach- oder Vermögensschäden, die aus der Anwendung der vorgestellten Materialien und Methoden entstehen können.

Inhalt

Pilze überall

In diesem Buch findest du rund 90 sehr häufige und besonders auffallende Pilze, die du kennen solltest. Sie wachsen in Gärten, Parks und Wäldern, auf Wiesen und Feldern, manche auch mitten in der Stadt. Einige entdeckst du vor allem dort, wo bestimmte Bäume als Lebenspartner stehen, andere auf morschem Holz oder sogar an lebenden Stämmen und Ästen. Manche Pilze fallen auf, weil sie aussehen wie Kartoffeln, Sterne, Korallen oder Tintenfische, andere durch ihren ekligen Geruch. Je aufmerksamer du durch die Natur gehst, desto mehr Pilze wirst du sehen.

Lamellenpilze 23

Der Schwärzende Saftling

Hygrocybe conica

Saftlinge sind kleine, meist bunte Pilze, die saftig und glasig aussehen. Der Schwärzende Saftling ist einer von über 50 heimischen Saftlingen. Der kegelige Hut ist gelb, orange bis rot gefärbt. Wenn du ihn berührst oder wenn er alt ist, wird er schwarz. Auch die breiten, weißlichen bis gelblichen Lamellen färben sich bei Berührung schwarz.

Erstaunlich!

Uralte, ungedüngte, moosreiche Wiesen und Hausgärten sind oftmals ein Paradies für Pilze. Dort gedeihen verschiedene Saftlinge, darunter der giftige, grasgrüne bis orange Papageien-Saftling. Diese Plätze sind heute seltene und kostbare Lebensräume für Pilze und sollten geschützt werden.

Papageien-Saftling

Auf ungedüngten Wiesen kannst du recht häufig die Schwärzenden Saftlinge entdecken. Saftlinge leben in einer Lebensgemeinschaft mit Gräsern und Kräutern. Sie stehen unter strengem Naturschutz und dürfen nicht gepflückt werden.

Der Hut hat einen Durchmesser von 2 bis 7 cm.

Den Schwärzenden Saftling findest du von Juni bis November.

Jan Feb Mär Apr Mai Jun Jul Aug Sep Okt Nov Dez

Bestimmen leicht gemacht

Die jeweilige Farbe am oberen Rand jeder Seite hilft dir bei der Suche nach den verschiedenen Pilzgruppen. Damit du dich leichter zurechtfindest, sind ähnlich aussehende Pilze in einem Kapitel zusammengefasst:

Lamellenpilze

Röhrenpilze

Kugelige, keulenartige und zungenförmige Pilze

Weitere Pilze mit Hut und Stiel

Andere Pilze

Außerdem findest du auf jeder Seite noch weitere Zeichen: Diese Zeichen geben dir an, **wo** du die Pilze am besten finden kannst.

Unter jedem Pilznamen findest du auch den **lateinischen Namen.** Dieser hilft Forschenden überall auf der Welt, sich über die gleichen Arten austauschen zu können und es dabei nicht zu Missverständnissen kommt.

Dieses Symbol gibt an, dass der Pilz im Laubwald, in der Nähe von Laubbäumen oder auf Laubholz wächst.

Dieses Symbol gibt an, dass der Pilz im Nadelwald, in der Nähe von Nadelbäumen oder auf Nadelholz wächst.

Dieses Symbol gibt an, dass der Pilz im Laub- und Nadelwald, in der Nähe von Laub- oder Nadelbäumen oder auf Laub- oder Nadelholz wächst.

Dieses Symbol gibt an, dass der Pilz auf Wiesen, in Parkanlagen und in Gärten wächst.

Damit du ungefähr abschätzen kannst, wie groß der Pilz ist, steht unten auf der Seite eine  **Größenangabe** in Zentimetern.

In der Leiste unten auf jeder Seite gibt der farbige Teil an, **wann du den Pilz finden kannst**. Das Judasohr zum Beispiel erscheint auch an Wintertagen. Du kannst es von Januar (abgekürzt Jan) bis Dezember (abgekürzt Dez) entdecken. Anders der Fichten-Steinpilz. Er wächst nur von Juli bis November.

Bei jeder Pilzart siehst du ein Symbol. Dieses ist wichtig, denn es sagt dir, ob die Art giftig ist, kein Speisepilz und ungenießbar oder ob sie essbar ist.

giftig

kein Speisepilz, ungenießbar

essbar

Die große **Zeichnung** zeigt dir, wie der Pilz aussieht. Manche Teile sind beschriftet, damit du deutlicher die typischen Merkmale der Art erkennen kannst. Allerdings gibt diese Zeichnung nicht die tatsächliche Größe des Pilzes wieder. Um zu wissen, wie groß er ist, schau dir die **Größenangabe** an. Zusätzliche Fotos oder Zeichnungen geben dir weitere Informationen oder zeigen dir eine zweite Pilzart. Der Name dieser zweiten Art ist **blau unterlegt.** So kannst du ihn problemlos im Text finden.

Die roten **Wichtig zu wissen!** -Kästen verraten dir interessante Zusatzinfos über die Pilze. Die grünen **Schau genau!** - und die gelben **Mach mit!** -Kästen geben dir Tipps zum Beobachten und Selbermachen. In den orangefarbenen **Erstaunlich!** -Kästen findest du verblüffendes Detailwissen oder Rekorde.

Der **Finger weg!** -Kasten warnt dich vor Pilzen, die für uns Menschen giftig sind. Diese Pilze solltest du auf keinen Fall mit den Fingern anfassen oder in die Hand nehmen.

Vorsicht, giftige Doppelgänger!

Du wirst sicher bald feststellen, dass sich viele Pilzarten ähnlich sehen. Zahlreiche essbare Pilze haben giftige Doppelgänger, und es kann lebenswichtig sein, dass du diese erkennst.

Ein Hexenei.

Was ist denn das?

Hinten im Buch findest du auf **Seite 110** eine Liste mit besonderen Wörtern, ein **Glossar**. Hier werden unbekannte Begriffe genauer erklärt. Oder weißt du schon, was ein „Hexenei" ist?

Und außerdem ...

Du willst ja sicherlich nicht nur Pilze bestimmen, sondern auch noch Spannendes erfahren und erleben. Dann blättere rasch auf die Seiten 94 bis 107. Dort erfährst du beispielsweise, warum Pilze weder Pflanzen noch Tiere sind und manchmal in Kreisen wachsen. Außerdem findest du dort Infos über nützliche und schädliche Pilze, über Giftpilze und darüber, warum Tiere auch giftige Pilze fressen können. Und du kannst nachlesen, wie man mithilfe eines Pilzes schon in der Steinzeit Feuer machen konnte.

Ein Pilz zum Sattessen

Raus in die Natur und ab in die Pilze

Im Wald, im Park und auf der Wiese kannst du die meisten Pilze aus diesem Buch finden. Allerdings wirst du sicherlich noch viel mehr Pilze entdecken, die hier nicht beschrieben sind. Das liegt daran, dass es bei uns über 14 000 verschiedene Pilzarten gibt. Wollte man sie alle beschreiben, wäre das Buch so dick, dass du es gar nicht tragen könntest.

Um Pilze bestimmen zu können, brauchst du außer dem Buch nicht viel. Vielleicht nimmst du dir noch eine Lupe zur Hand, um dir bestimmte Merkmale genauer ansehen zu können. Und wenn du dir etwas notieren möchtest, brauchst du natürlich Stift und Papier.

Nun aber raus in die Natur und viel Freude beim Bestimmen und selbst Erleben!

Darauf kommt's an

Was du als Pilz kennst, ein Stiel mit Hut, ist nur der **Fruchtkörper**. Im Erdboden, im morschen Holz und auch im lebenden Baumstamm wächst der eigentliche Pilz als langes, feines **Fadengeflecht**, das **Myzel**. Neben den Hutpilzen gibt es noch viele verschiedene andere Pilzarten, die ganz unterschiedliche Fruchtkörper bilden. Jede Pilzart hat ihren eigenen Fruchtkörper mit ganz bestimmten Merkmalen.

Bauplan Hutpilz

Hut: Um den Pilz zu bestimmen, sind die Hutform und die Beschaffenheit der Hutoberfläche wichtig – wie samtig, glatt oder schleimig. Verfärbt sich bei Verletzung sein Fleisch, tritt Milch aus oder hat er einen besonderen Geruch?

Hutrand: Er kann zum Beispiel glatt sein, aber auch fransig oder gefurcht.

Hutunterseite: Auf der Unterseite können Lamellen, Röhren, Leisten oder Stacheln sitzen. Hier werden die Sporen gebildet. Sie werden mit dem Wind weggetragen. Aus ihnen wachsen neue Pilzfäden.

Stiel: Wichtig ist die Oberfläche und ob sie zum Beispiel glatt, genattert oder genetzt ist.

Ring: Dieser kann beispielsweise häutig oder verschiebbar sein oder auch ganz fehlen.

Stielbasis: Sie kann zum Beispiel rübenförmig oder knollig sein. Manchmal hat sie eine häutige Hülle.

Bestimmungsmerkmale Fliegenpilz

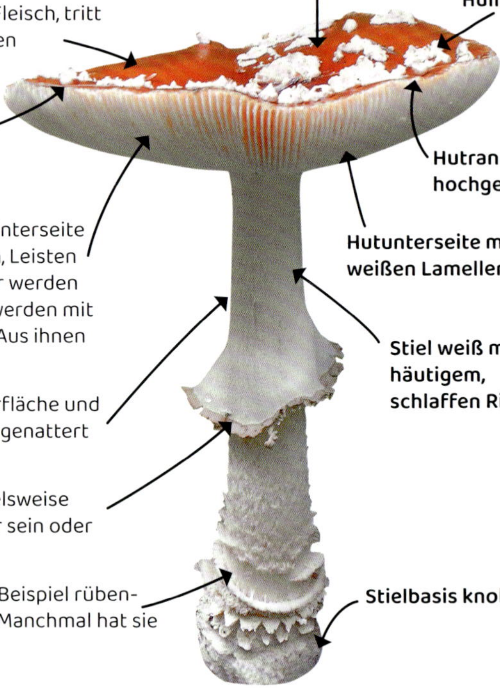

Pilze finden

Lass dich nicht frustrieren. Am Anfang könnte man meinen, der Wald sei pilzfrei. Man findet einfach nichts. Es dauert eine Weile, bis du dich „einsiehst". Und vergiss nicht: Die Fruchtkörper der Pilze können ganz unterschiedlich aussehen und unterscheiden sich auch in ihrer Größe.

Hier ein kleiner Überblick, dann fällt dir das Suchen leichter:

Der Fichten-Steinpilz

Boletus edulis

Steinpilze gehören zu den besten und bekanntesten Speisepilzen. Bei uns gibt es verschiedene Steinpilzarten – beispielsweise den Fichten-Steinpilz mit speckig-braunem Hut, den Sommer-Steinpilz mit der samtigen Hutoberfläche (unter Buchen und Eichen) und den rotbraunen Kiefern-Steinpilz (unter Kiefern).

Wichtig zu wissen!

Steinpilze werden auch „Herrenpilze" genannt. Der Name weist darauf hin, dass die Bauern die Pilze an die „Herren" abgeben mussten - diese schätzten den Pilz wegen seines edlen Geschmacks. Auch heute gehören Steinpilze zu den beliebtesten Speisepilzen.

Der Fichten-Steinpilz kommt vor allem bei Fichten und Buchen vor, häufig zusammen mit giftigen Fliegenpilzen und essbaren Pfeffer-Röhrlingen. Er wächst vor allem auf sauren Böden.

Sommer-Steinpilz: Wegen des Netzmusters am Stiel besteht Verwechslungsgefahr mit dem Gallen-Röhrling (Seite 13).

Alle Steinpilze stehen unter Naturschutz und dürfen nur für den Eigenbedarf gesammelt werden.

Der Hut hat einen Durchmesser von 10 bis sogar 25 cm.

Den Fichten-Steinpilz findest du von Juli bis November.

Jan | Feb | Mär | Apr | Mai | Jun | Jul | Aug | Sep | Okt | Nov

Der Gallen-Röhrling

Tylopilus felleus

Der Gallen-Röhrling heißt auch Bitterpilz, weil er so bitter wie Galle ist. Ein einziger Pilz kann ein ganzes Pilzgericht verderben. Giftig ist der Röhrenpilz aber nicht. Wenn du vorsichtig am Fruchtfleisch leckst, schmeckst du die Bitterstoffe.

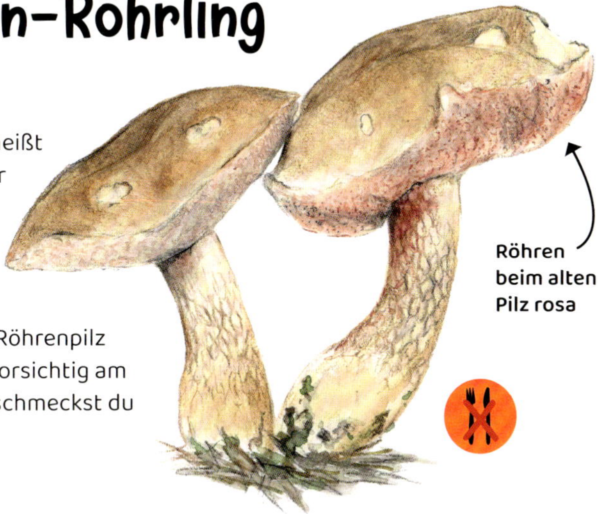

Der Gallen-Röhrling ist der einzige Röhrling, dessen Sporen und Röhren rosa gefärbt sind, wenn er älter wird.

Schau genau!

Fichten-Steinpilze, Gallen-Röhrlinge und **Maronen** werden häufig miteinander verwechselt, denn sie wachsen an den gleichen Stellen im Fichtenwald. Junge Exemplare sehen fast gleich aus, darum schau dir ältere an. An der Hutoberfläche, der Farbe der Röhren und am Stielnetz kannst du sie voneinander unterscheiden.

Maronen-Röhrling

Der Gallen-Röhrling wächst vor allem auf sauren Böden der Fichten-wälder und kommt auch unter Rot-Buchen vor. In Mitteleuropa ist er weitverbreitet.

Der Hut hat einen Durchmesser von 8 bis 15 cm.

Den Gallen-Röhrling findest du von Juli bis November.

Feb | Mär | Apr | Mai | Jun | Jul | Aug | Sep | Okt | Nov | Dez

Die Ziegenlippe

Xerocomus subtomentosus

Die samtig weiche Oberfläche des grau- bis olivbraunen Hutes erinnerte die Menschen an die Lippe einer Ziege – so kam dieser Speisepilz zu seinem Namen. Auf der Hutunterseite fallen die großen, eckigen goldgelben Röhren auf.

Schau genau!

Die Ziegenlippe gehört zu einer Gruppe von Röhrlingen, die alle eine feinfilzige Hutoberfläche haben: den Filzröhrlingen. Dazu gehören auch der Gallen-Röhrling und der **Rotfuß-Röhrling**. Dieser ähnelt der Ziegenlippe, hat aber weniger kräftig gefärbte gelbe Röhren und einen roten Fuß. Er kommt in Laub- und Nadelwäldern vor.

Rotfuß-Röhrling

Die weitverbreitete Ziegenlippe wächst vor allem in Laubwäldern. In Nadelwäldern kommt sie seltener vor. Sie steht oft einzeln unter einem Baum, mit dem sie eine Lebensgemeinschaft bildet.

Der Hut hat einen Durchmesser von 3 bis 12 cm.

Die Ziegenlippe findest du von Juni bis Oktober.

Jan	Feb	Mär	Apr	Mai	Jun	Jul	Aug	Sep	Okt	Nov

Flockenstieliger Hexen-Röhrling

Neoboletus erythropus

Besondere Merkmale dieses Pilzes sind der dickfleischige dunkelbraune Hut, die orange bis dunkelroten Poren auf der Hutunterseite und der walzenförmige bis bauchige gelbe Stiel mit roten Pusteln. Mancherorts ist dieser Pilz wegen seines festen Fleischs beliebter als der Steinpilz.

Mach mit!

Dieser Pilz ist wie verhext! Wenn du ihn drückst oder aufschneidest, verfärbt sich das gelbe Fleisch schlagartig dunkel- bis schwarzblau. Diese Blaufärbung entsteht, weil im Pilz eine Säure enthalten ist, die mit dem Sauerstoff in der Luft reagiert. Tropfst du Essig auf die blau gefärbten Stellen, werden sie wieder dottergelb. Das geschieht auch beim Kochen oder Trocknen.

Netzstieliger Hexen-Röhrling mit hellerem Hut und Netzmuster auf dem Stiel.

Der weitverbreitete Flockenstielige Hexen-Röhrling wächst in Nadel- oder Laubwäldern unter Fichten oder unter Rot-Buchen. In Laubwäldern, am Waldrand und in Parkanlagen kommt der verwandte Netzstielige Hexen-Röhrling vor.

Der Hut hat einen Durchmesser von 8 bis 20 cm.

Den Flockenstieligen Hexen-Röhrling findest du von Juli bis November.

Feb Mär Apr Mai Jun Jul Aug Sep Okt Nov Dez

Der Satans-Röhrling

Boletus satanas

Sieh dir den giftigen Pilz genau an, dann kannst du ihn eigentlich nicht mit anderen essbaren verwechseln. Die Hutoberseite ist weiß bis silbrig, die Röhren sind rot. Drückst du den Pilz, wird er schwach blau. Der Satans-Röhrling riecht auffällig nach Urin, nassen Windeln oder nach Aas.

Wichtig zu wissen!

Obwohl man den Satans-Röhrling kaum mit dem Fichten-Steinpilz verwechseln kann, haben Pilzsammler großen Respekt vor diesem Giftpilz. Tückischerweise schmeckt er angenehm mild, verursacht aber schwere Magen-Darm-Vergiftungen. Weil man glaubte, dass dies nur das Werk des Satans, also des Teufels sein kann, bekam der Pilz diesen Namen.

Der Satans-Röhrling sieht von oben einem herumliegenden Kalkstein ziemlich ähnlich.

Der eher seltene Satans-Röhrling kommt in Laubwäldern, Parks und an Böschungen mit kalkigem Boden vor. Er wächst gern unter Rot-Buchen.

Der Hut hat einen Durchmesser von 10 bis 25 cm.

Den Satans-Röhrling findest du von Juni bis Oktober.

Jan | Feb | Mär | Apr | Mai | Jun | Jul | Aug | Sep | Okt | Nov

Der Gold-Röhrling

Suillus grevillei

Der Hut dieses hübschen Röhrlings ist goldgelb bis orange gefärbt. Der Gold-Röhrling gehört zu den Schmierröhrlingen: Junge Pilze sind von einer schleimigen Schicht umgeben, die beim älteren Pilz als gelblicher, häutiger Ring zurückbleibt.

Diesen weitverbreiteten Speisepilz findest du nur in der Nähe von Lärchen, denn er ist ein Mykorrhizapilz und wächst in einer Lebensgemeinschaft mit diesen Bäumen.

Schau genau!

Alle Schmierröhrlinge leben in einer Lebensgemeinschaft mit Nadelbäumen, vor allem mit Kiefern. Dort kannst du nicht nur den Butterpilz (siehe Seite 18) finden, sondern auch den ockerfarbenen **Kuh-Röhrling**. Dieser Speisepilz verfärbt sich violett, wenn er erhitzt wird!

Kuh-Röhrling

Der Hut hat einen Durchmesser von 6 bis 12 cm.

Den Gold-Röhrling findest du von Juli bis Oktober.

Feb | Mär | Apr | Mai | Jun | **Jul** | **Aug** | **Sep** | **Okt** | Nov | Dez

Der Butterpilz

Suillus luteus

Die Oberfläche des schokoladenbraunen Hutes ist feuchtklebrig und schmierig. Die Röhren sind gelb. Bei jungen Butterpilzen ist der Hutrand durch eine weiße Haut mit dem Stiel verbunden. Wächst der Pilz, dann reißt die Haut. Bei älteren Pilzen ist nur noch ein häutiger Ring um den Stiel zu sehen.

Wichtig zu wissen!

Der Butterpilz bekam seinen Namen, weil sein Hutfleisch gelblich wie Butter ist und seine dicke Huthaut fettig glänzt. Diese lässt sich leicht abziehen. Als Speisepilz ist der Butterpilz nicht zu empfehlen, da ihn manche Menschen – ähnlich wie den Hallimasch – nicht vertragen!

Der Butterpilz wächst in einer Lebensgemeinschaft mit Kiefern. Findest du ihn unter einem anderen Nadelbaum, steht bestimmt eine Kiefer in der Nähe.

Der Hut hat einen Durchmesser von 5 bis 15 cm.

Den Butterpilz findest du von Juni bis November.

Jan | Feb | Mär | Apr | Mai | Jun | Jul | Aug | Sep | Okt | Nov

Die Espen-Rotkappe

Leccinum rufum

Unter den zahlreichen Rotkappen ist die Espen-Rotkappe der bekannteste Pilz. Der fuchsrote Hut mit dem deutlichen Rand erhebt sich halbkugelig über dem weißen, mit weißlichen kleinen Schuppen besetzten Stiel. Unter dem Hut erkennst du weiß-grau gefärbte Röhren.

Schau genau!

Unter Birken kommt der ähnliche **Birkenpilz** vor. Sein rauer Stiel ist mit schwarzbraunen Schuppen besetzt. Auch er ist essbar, du findest ihn sogar schon im Mai und Juni.

Birkenpilz

Mit Espen sind Zitter-Pappeln gemeint – und dies gibt dir einen Hinweis darauf, wo die weitverbreitete Espen-Rotkappe wächst: unter Zitter-Pappeln. Die allermeisten essbaren Pilze sind roh giftig, Raufuß-Röhrlinge wie Rotkappe und Birkenpilz allerdings besonders stark.

Der Hut hat einen Durchmesser von 6 bis 20 cm.

Die Espen-Rotkappe findest du von Juli bis November.

Feb	Mär	Apr	Mai	Jun	Jul	Aug	Sep	Okt	Nov	Dez

Der Kahle Krempling

Paxillus involutus

Diesen Pilz erkennst du an dem typisch eingekrempelten, gerippten Hutrand und den gelblichen Lamellen, die am Stiel herablaufen. Wenn du die Lamellen mit den Fingern zusammendrückst, bekommen sie und auch du schmutzig braune Flecken. Du kannst die Lamellen auch ganz leicht vom Hutfleisch wegschieben.

Wichtig zu wissen!

Früher wurde der Kahle Krempling noch gegessen. Heute gilt er als giftig. Und das ist auch gut so: Wenn man mehrmals in seinem Leben Mahlzeiten mit diesem Pilz genossen hat, kann der Kahle Krempling eine komplizierte allergische Reaktion auslösen, die sogar zum Tod führen kann. Früher wusste man nur, dass dieser Pilz roh giftig ist – heute wissen wir, dass weitere Giftstoffe auch nach dem Kochen noch lebensgefährliche Reaktionen auslösen können.

Der Kahle Krempling ist ein häufiger Pilz. Er gedeiht in Laub- und Nadelwäldern auf sauren Böden. Auf morschen Stümpfen von Nadelbäumen wächst der verwandte **Samtfuß-Krempling**, der ungenießbar ist.

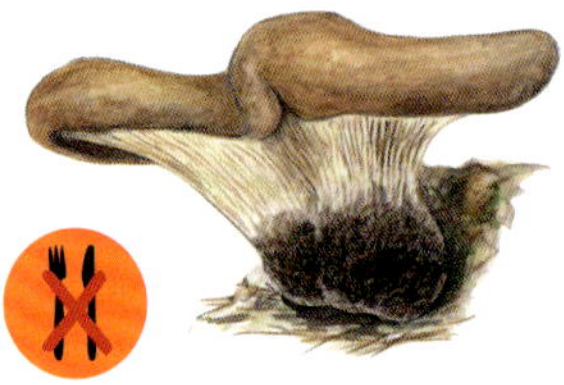

Samtfuß-Krempling

Der Hut hat einen Durchmesser von 5 bis 15 cm.

Den Kahlen Krempling findest du von Juli bis November.

Jan	Feb	Mär	Apr	Mai	Jun	Jul	Aug	Sep	Okt	Nov

Das Kuhmaul

Gomphidius glutinosus

Der graubraune Hut junger Exemplare ist mit einem glasigen Schleim überzogen. Ältere Hüte bekommen schwarze Flecken und haben eine schmierige, klebrige Haut, die man leicht abziehen kann. Die zunächst hellen, später vom Sporenpulver dunkel gefärbten Lamellen laufen den Stiel hinab.

Ein gutes Erkennungsmerkmal des Kuhmauls ist die gelbe Färbung unten am Stiel.

Wichtig zu wissen!

Obwohl das Kuhmaul eher unappetitlich aussieht, ist es ein Speisepilz. Du musst nur die schleimige Huthaut abziehen. Wenn man den Pilz kocht, wird das eher weiche Fleisch dunkel. Das Kuhmaul heißt auch Großer Gelbfuß.

Das häufige und weitverbreitete Kuhmaul wächst nur auf sauren, nicht zu nassen Böden unter Fichten. Es bevorzugt dieselben Stellen wie Fichten-Steinpilze.

Der Hut hat einen Durchmesser von 5 bis 12 cm.

Das Kuhmaul findest du von Juli bis November.

Feb | Mär | Apr | Mai | Jun | Jul | Aug | Sep | Okt | Nov | Dez

Der Austern-Seitling

Pleurotus ostreatus

Ähnlich wie Muscheln in einer Austernbank sitzt auch der Austern-Seitling oft mit vielen Fruchtkörpern über- und nebeneinander am Holz. Die Hutoberseite kann von cremeweiß über taubengrau bis zu dunkel violettbraun gefärbt sein. Die weißlichen Lamellen laufen bis zum Stielansatz hinab.

Mach mit!

Der Austern-Seitling ist ein beliebter Speisepilz, den es als Austernpilz auch zu kaufen gibt. Du kannst diesen Pilz selbst anbauen: dazu verwendest du Stroh, Papier, Weizenkörner oder auch Kaffeesatz als Nährboden. Mehr dazu erfährst du auf Seite 103.

Im Winterhalbjahr erscheint der weitverbreitete Austern-Seitling auf stehendem und liegendem totem Laubholz, am häufigsten auf Rot-Buchen, aber auch auf Eschen-, Pappel-, Walnuss- und Weidenholz.

Der Hut hat einen Durchmesser von 5 bis 20 cm.

Den Austern-Seitling findest du von Oktober bis Mai.

Jan | Feb | Mär | Apr | Mai | Jun | Jul | Aug | Sep | Okt | Nov

Der Schwärzende Saftling

Hygrocybe conica

Saftlinge sind kleine, meist bunte Pilze, die saftig und glasig aussehen. Der Schwärzende Saftling ist einer von über 50 heimischen Saftlingen. Der kegelige Hut ist gelb, orange bis rot gefärbt. Wenn du ihn berührst oder wenn er alt ist, wird er schwarz. Auch die breiten, weißlichen bis gelblichen Lamellen färben sich bei Berührung schwarz.

Erstaunlich!

Uralte, ungedüngte, moosreiche Wiesen und Hausgärten sind oftmals ein Paradies für Pilze. Dort gedeihen verschiedene Saftlinge, darunter der giftige, grasgrüne bis orange **Papageien-Saftling**. Diese Plätze sind heute seltene und kostbare Lebensräume für Pilze und sollten geschützt werden.

Papageien-Saftling

Auf ungedüngten Wiesen kannst du recht häufig die Schwärzenden Saftlinge entdecken. Saftlinge leben in einer Lebensgemeinschaft mit Gräsern und Kräutern. Sie stehen unter strengem Naturschutz und dürfen nicht gepflückt werden.

Der Hut hat einen Durchmesser von 2 bis 7 cm.

Den Schwärzenden Saftling findest du von Juni bis November.

Feb | Mär | Apr | Mai | Jun | Jul | Aug | Sep | Okt | Nov | Dez

Der Orangerote Heftelnabeling

Rickenella fibula

Der kleine, gelb- bis rotorange Hut am 2 bis 3 cm langen Stiel hat in der Mitte eine Vertiefung, die an einen Bauchnabel erinnert. Die weit am Stiel herablaufenden Lamellen sind weiß. Dieser kleine Pilz bildet leuchtende Farbtupfer im grünen Moosteppich.

Du kannst den kleinen Pilz bei feuchtem Wetter zwischen Moosen auf Rasenflächen oder am Waldboden und auf bemoostem Holz, Steinen und Mauern entdecken. Er kommt sehr häufig vor, du musst nur genau schauen.

Schau genau!

Wenn du dir den Orangeroten Heftelnabeling anschaust, kannst du am Stiel entlang kleine abstehende Härchen erkennen. Der auf den ersten Blick ähnlich aussehende **Gesellige Glöckchennabeling** kommt immer in größeren Gruppen vor. Er wächst auf Holz, das hier auf dem Foto mit einer dicken Moosschicht bedeckt ist.

Der Hut hat einen Durchmesser von 0,5 bis 2 cm.

Den Orangeroten Heftelnabeling findest du von März bis Dezember.

Jan Feb Mär Apr Mai Jun Jul Aug Sep Okt Nov

Der Violette Lacktrichterling

Laccaria amethystina

Hut, Stiel und Lamellen des Violetten Lacktrichterlings sind blauviolett gefärbt. Ältere Pilze werden jedoch blasser und sehen fast weiß aus. Die Lamellen bleiben am längsten violett.

Mach mit!

Da der Violette Lacktrichterling beim Kochen seine violette Farbe nicht verliert, gibt er Gerichten aus verschiedenen Pilzen bunte Farbtupfer. Pilzsammler müssen aber gut aufpassen, denn vor allem die älteren, verblassten Exemplare können mit dem giftigen **Violetten Rettich-Helmling** verwechselt werden. Um die beiden sicher zu unterscheiden, sieh dir die Lamellen an. Der Lacktrichterling hat dicke, violette Lamellen.

Violetter Rettich-Helmling

Als Zersetzer der Laub- und Nadelstreu ist der Violette Lacktrichterling in Laub- und Nadelwäldern weitverbreitet. Oft bildet er dort große Gruppen mit vielen Fruchtkörpern.

Der Hut hat einen Durchmesser von 1,5 bis 5 cm.

Den Violetten Lacktrichterling findest du von Juni bis November.

Feb	Mär	Apr	Mai	Jun	Jul	Aug	Sep	Okt	Nov	Dez

Der Grüne Anis-Trichterling

Clitocybe odora

Blaue und grüne Pilze kommen nur selten vor. Einer ist der Grüne Anis-Trichterling mit blaugrün gefärbtem Hut und Stiel. Die Lamellen laufen kurz am Stiel herab. Die Hüte älterer Exemplare werden trichterförmig. Typisch für diesen Pilz ist der starke Geruch nach Anis, der auch beim Kochen bleibt.

Der Anis-Trichterling eignet sich für Süßspeisen.

Wichtig zu wissen!

Der essbare, weiße bis cremefarbene **Mönchskopf** ist ebenfalls ein Trichterling. Er fällt sofort auf, da seine trichterförmigen Hüte bis zu 30 cm groß werden. Zudem bildet er über 10 m große Hexenringe.

Der häufig vorkommende Grüne Anis-Trichterling wächst in Laub- und Nadelwäldern. Du kannst ihn vor allem in der Nadelstreu von Fichten entdecken, da er die Streu zersetzt.

Der Hut hat einen Durchmesser von 2 bis 5 cm.

Den Grünen Anis-Trichterling findest du von Juli bis November.

Jan | Feb | Mär | Apr | Mai | Jun | Jul | Aug | Sep | Okt | Nov

Der Violette Rötelritterling

Lepista nuda

Wie sein Name andeutet, sind Hut, Stiel und Lamellen des Violetten Rötelritterlings lila gefärbt. Der beliebte Speisepilz hat einen fruchtig-süßlichen Duft. Dieser bleibt auch nach dem Kochen erhalten. Pass auf, dass du ihn nicht mit dem giftigen Violetten Rettich-Helmling (siehe Seite 25) verwechselst.

Schau genau!

Zur selben Zeit und an denselben Stellen wie der Violette Rötelritterling erscheint auch die giftige **Nebelkappe** (Nebelgrauer Trichterling), die ebenfalls häufig Hexenringe bildet. Du erkennst diesen Pilz aber an der grauen bis braungrauen Farbe von Hut, Stiel und Lamellen. Außerdem riecht er unangenehm süßlich.

Erst wenn im Herbst das Laub von den Bäumen fällt, erscheint der Violette Rötelritterling in allen Wäldern. Er bildet häufig große Hexenringe und wächst auch auf Komposthaufen und pflanzlichen Abfällen im Garten.

Der Hut hat einen Durchmesser von 6 bis 12 cm.

Den Violetten Rötelritterling findest du von September bis Dezember.

Feb | Mär | Apr | Mai | Jun | Jul | Aug | Sep | Okt | Nov | Dez

Der Maipilz

Calocybe gambosa

Der Maipilz ist weiß bis cremefarben. Du erkennst ihn besonders gut an den feinen Lamellen, die sehr eng beieinanderstehen. Außerdem riecht er stark nach Mehl oder Gurke. Der Maipilz wird auch Georgs-Ritterling genannt. Der heilige Georg ist ein christlichen Märtyrer, der am 23. April Namenstag hat. Um dieses Datum herum erscheint auch der Maipilz.

Schau genau!

Pilzsammler müssen beim Sammeln von Maipilzen gut aufpassen, dass sie diesen Speisepilz nicht mit dem tödlich giftigen **Ziegelroten Risspilz** verwechseln. Dieser Giftpilz erscheint zur selben Zeit und an denselben Stellen wie der Maipilz. Um diesen Giftpilz eindeutig zu erkennen, achtet man auf verletzte Stellen, die rötlich gefärbt sind.

Auch am dunklen Sporenpulver ist der Ziegelrote Risspilz zu erkennen.

Schon im Frühjahr kannst du den verbreiteten und häufigen Maipilz in lichten Laubwäldern, an Waldrändern, auf Wiesen und Grünflächen entdecken. Er bildet häufig auch große Hexenringe. Interessanterweise ist das Gras an den Stellen, an denen der Maipilz vorkommt, grüner und wächst höher.

Der Hut hat einen Durchmesser von 5 bis 10 cm.

Den Maipilz findest du von April bis Juni.

Jan | Feb | Mär | Apr | Mai | Jun | Jul | Aug | Sep | Okt | Nov

Der Schwefel-Ritterling

Tricholoma sulphureum

Der schwefelgelben Farbe von Hut, Stiel und Lamellen verdankt dieser Ritterling seinen Namen. Er verströmt einen widerlichen leuchtgasartigen Geruch. Wie alle Ritterlinge zeigt auch der Schwefel-Ritterling den typischen „Burggraben“: Bevor die kurzen Lamellen den Stiel erreichen, bilden sie einen Graben.

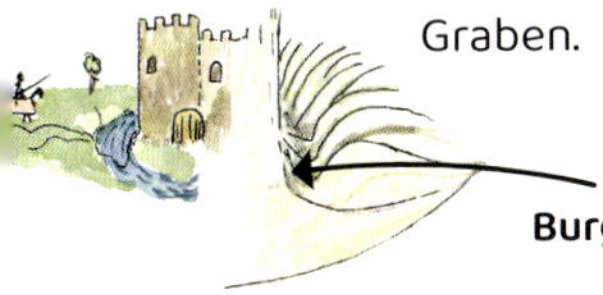

Burggraben

Wichtig zu wissen!

Auch der **Rötliche Holz-Ritterling** weist den typischen Burggraben auf. Dieser farbenprächtige Pilz hat einen wein- bis purpurroten Hut und goldgelbe Lamellen. Er wächst auf vermodernden Nadelholzstümpfen oder in deren Nähe. Dort wo der Regen die filzige Hutoberfläche abträgt, wird der Hut goldgelb.

Rötlicher Holz-Ritterling

Der weitverbreitete Schwefel-Ritterling wächst in allen Wäldern, denn er kann mit den Wurzeln verschiedener Bäume eine Lebensgemeinschaft eingehen. Meist kommt er jedoch unter Eichen vor.

Der Hut hat einen Durchmesser von 5 bis 10 cm.

Den Schwefel-Ritterling findest du von August bis November.

Feb | Mär | Apr | Mai | Jun | Jul | Aug | Sep | Okt | Nov | Dez

Der Dunkle Hallimasch

Armillaria ostoyae

Der Hut des Dunklen Hallimasch ist bräunlich gefärbt und mit abwischbaren Schüppchen besetzt. Zunächst ist der Hut halbkugelig, im Alter breitet er sich flach aus. Der Pilz wächst in dichten Büscheln auf Fichtenholz. Er besiedelt Totholz, aber auch kranke Bäume und ist dadurch ein wichtiger Zersetzer im Kreislauf der Natur.

Finger weg!

Der Hallimasch wird als Speisepilz gesammelt. Doch roh oder nicht gut gekocht ist er giftig. Manche Menschen vertragen diesen Pilz überhaupt nicht. Deshalb sollte man den Hallimasch nicht als Speisepilz verwenden!

Mach mit!

Auch wenn du auf einem Fichtenstumpf keine Fruchtkörper wachsen siehst, kannst du den Dunklen Hallimasch entdecken: Suche unter der Rinde nach flachen, schwarzen Strängen – das ist ein besonderes Myzel, es versorgt den Pilz mit Nährstoffen, ähnlich wie die Wurzeln bei Pflanzen.

Der sehr häufige Dunkle Hallimasch erscheint im Herbst besonders in Fichtenwäldern an Bäumen und auf Fichtenstümpfen. Diese sind oft über und über mit dem Pilz bedeckt und von den Sporen weiß bestäubt.

Der Hut hat einen Durchmesser von 5 bis 10 cm.

Den Dunklen Hallimasch findest du von August bis November.

Jan | Feb | Mär | Apr | Mai | Jun | Jul | **Aug** | **Sep** | **Okt** | **Nov**

Der Grubige Wurzelrübling

Hymenopellis radicata

Besondere Kennzeichen des Grubigen Wurzelrüblings sind ein brauner Hut mit einer schleimig glänzenden Oberfläche, weit auseinanderstehende weiße Lamellen und ein weißlicher Stiel, der nach unten hin braun wird. Die jungen Hüte sind essbar, haben aber keinen besonderen Geschmack.

Erstaunlich!

Die dünnen Stiele dieses Pilzes können bis zu 25 cm lang werden – genauso lang wie der Stielteil, der wurzelartig tief in das morsche Holz hineinwächst und den Pilz fest darin verankert. Darum ist es nicht leicht, den Grubigen Wurzelrübling unversehrt herauszuziehen.

Der sehr häufige Grubige Wurzelrübling kommt in verschiedenen Wäldern vor. Er wächst auf dem Boden unter Laubbäumen, vor allem unter Rot-Buchen. Du kannst ihn aber auch neben morschen Baumstümpfen finden. Meist steht er einzeln da, nur selten bildet er kleinere Gruppen.

Der Hut hat einen Durchmesser von 4 bis 12 cm.

Den Grubigen Wurzelrübling findest du von Mai bis November.

Feb | Mär | Apr | Mai | Jun | Jul | Aug | Sep | Okt | Nov | Dez

Der Samtfußrübling

Flammulina velutipes

Der Samtfußrübling mit dem rostgelben Hut und dem samtigen Stiel wächst in dichten Büscheln auf Totholz. Pilzsammler freuen sich, denn kaum ein anderer Pilz kann sonst in der kalten Jahreszeit gesammelt werden. Bei starkem Frost stellt er kurzfristig sein Wachstum ein und setzt es fort, wenn es wieder milder wird.

Erstaunlich!

Wenn im Winterhalbjahr auf Fichtenzapfen, die am Boden liegen, ein kleiner schokoladenbrauner Pilz wächst, könnte das ein **Fichten-Zapfenrübling** sein. Dieser Pilz ist essbar, auch wenn das Sammeln wegen seiner geringen Größe recht mühsam ist.

Fichten-Zapfenrübling

Der häufig vorkommende Samtfußrübling erscheint ab dem Spätherbst in Auwäldern und an den Ufern von Bachläufen. Er wächst auf dem toten Holz von Eschen, Weiden (auch Kopfweiden), Erlen und Rot-Buchen. Auch an liegenden Weidenästen findest du diesen Speisepilz.

Der Hut hat einen Durchmesser von 2 bis 5 cm.

Den Samtfußrübling findest du von November bis März.

Jan | Feb | Mär | Apr | Mai | Jun | Jul | Aug | Sep | Okt | Nov | Dez

Der Nelken-Schwindling

Marasmius oreades

Den Nelken-Schwindling erkennst du an dem bräunlichen, gewölbten Hut. Sein Rand ist bei älteren Exemplaren auffallend grob gekerbt. Die creme-farbenen, breiten Lamellen auf der Hutunterseite stehen sehr weit auseinander. Der Stiel ist unglaublich elastisch und zäh. Er lässt sich im feuchten Zustand sogar zu einem Knoten schließen.

Der Halsband-Schwindling hat einen weißen Hut.

Schau genau!

60 verschiedene Schwindlingsarten gibt es bei uns, darunter auch den auf morschem Laubholz wachsenden, kleinen **Halsband-Schwindling**. Da die Schwindlinge bei Trockenheit ein-schrumpfen (also ver-"schwinden"), kamen sie zu ihrem Namen. Bei Regen werden sie wieder prall – dieses Einschrumpfen und Aufquellen überstehen die Schwindlinge problemlos.

Der Nelken-Schwindling kommt auf wenig gedüngten Wiesen und Weiden vor, auch in Gärten und auf Rasenflächen, auf denen er meist in Hexenringen wächst.

Der Hut hat einen Durchmesser von 2 bis 5 cm.

Den Nelken-Schwindling findest du von August bis November.

Feb	Mär	Apr	Mai	Jun	Jul	Aug	Sep	Okt	Nov	Dez

Der Orangemilchende Helmling

Mycena crocata

Der kleine Orangemilchende Helmling hat einen helmartigen bräunlichen Hut. Der sitzt auf bis zu 15 cm langen feinen Stielchen. Der Pilz besitzt ziemlich dünnes Fleisch. Aus verletzten Stellen tritt reichlich orangegelbe Flüssigkeit (Milch) aus – an diesem typischen, namengebenden Merkmal ist dieser Pilz gut erkennbar.

Der Orangemilchende Helmling wächst in Schluchtwäldern aus Buchen, Ahorn und Eschen. Hier kann er massenhaft auf dem am Boden liegenden Holz der Bäume vorkommen.

Dehnbarer Helmling

Schau genau!

Genauso groß wie der Orangemilchende Helmling ist der verwandte, ebenfalls ungenießbare **Dehnbare Helmling**. Er kommt in Fichten- und Kiefernwäldern vor, oft auf morschem Holz. Seinen Namen verdankt dieser häufige Pilz der zähen und dehnbaren obersten Hutschicht.

Der Hut hat einen Durchmesser von 1 bis 3 cm.

Den Orangemilchenden Helmling findest du von Juli bis November.

Jan | Feb | Mär | Apr | Mai | Jun | Jul | Aug | Sep | Okt | Nov

Der Seidige Rötling

Entoloma sericeum

Der Seidige Rötling besitzt flach gewölbte bis scheibenförmige, dunkel graubraune Hütchen. Diese haben einen kleinen, spitzen Buckel in der Mitte. Wie viele Rötlinge riecht auch dieser Pilz mehlartig und hat, wie sein Name sagt, rötliche Sporen.

Erstaunlich!

Der größte unter den etwa 250 heimischen Rötlingsarten ist der giftige **Riesen-Rötling**, der in lichten Laubwäldern unter Rot-Buchen und Eichen gedeiht. Manchmal bildet er auch Hexenringe. Sein Hut erreicht Durchmesser von bis zu 15 cm, in Ausnahmefällen sogar bis zu 20 cm.

Riesen-Rötling

In lichten Auwäldern und auf ungedüngten Wiesen und Weiden wächst der Seidige Rötling. Diese Lebensräume werden leider immer seltener.

Der Hut hat einen Durchmesser von 2 bis 6 cm.

Den Seidigen Rötling findest du von Juli bis November.

Feb | Mär | Apr | Mai | Jun | Jul | Aug | Sep | Okt | Nov | Dez

Der Fliegenpilz

Amanita muscaria

Erstaunlich!

Der deutsche Name Fliegenpilz geht wohl darauf zurück, dass die Menschen früher Milch mit Fliegenpilzstücken vergifteten, um so an der Milch saugende Fliegen zu töten.

Der Fliegenpilz mit seinen weißen Flocken auf der roten Hutoberfläche gehört zu den schönsten heimischen Pilzen. Ein weißer, hängender Ring umgibt den weißen Stiel, auch die Lamellen sind weiß. Vorsicht: Starke Regenfälle können die weißen Flocken wegspülen. Dann kann der Fliegenpilz mit dem Kaiserling oder roten Täublingen verwechselt werden. Einige dieser Pilze sind aber Speisepilze.

Wälder mit sauren Böden sind der Lebensraum des Fliegenpilzes. Dieser häufige Giftpilz wächst vor allem unter Fichten und Birken.

Wichtig zu wissen!

Der Fliegenpilz ist ein stark giftiger Pilz. Isst man ihn, führt das zu Bewusstseinsstörungen, zu Lähmungen und Muskelkrämpfen, zu Erbrechen und Durchfall.

Der Hut hat einen Durchmesser von 10 bis 20 cm.

Den Fliegenpilz findest du von Juli bis November.

Jan	Feb	Mär	Apr	Mai	Jun	Jul	Aug	Sep	Okt	Nov

Der Grüne Knollenblätterpilz

Amanita phalloides

Der Grüne Knollenblätterpilz besitzt einen gelb- bis olivgrünen Hut mit weißen Lamellen und weißem Stiel. Am Stiel hängt eine weiße, häutige Manschette herab. Ein wichtiges Erkennungsmerkmal ist eine weitere häutige Scheide, die die Knolle des Fußes umgibt. Sie ist der Überrest der Hülle, die den noch jungen Pilz vollständig umgeben hat.

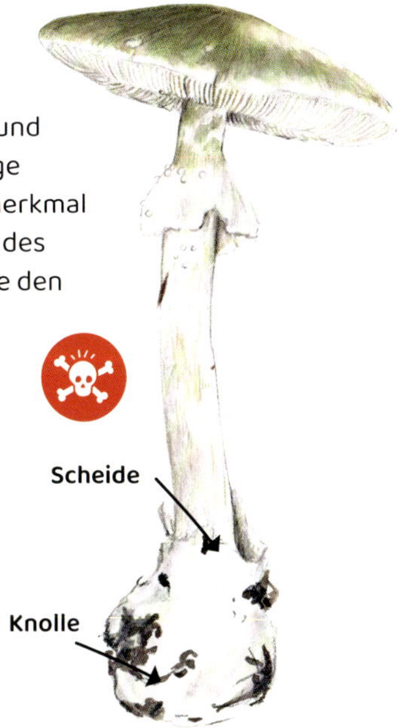

Wichtig zu wissen!

Der Grüne Knollenblätterpilz verursacht die meisten Todesfälle, weil er mit anderen Pilzen verwechselt wird (siehe Seite 40). Sein Gift führt zu Übelkeit und Erbrechen, was etwa einen Tag anhält und dann kurzzeitig besser wird. Doch nach dieser Ruhezeit beginnen die Giftstoffe, die Leber zu zerstören. Schon ein einziger verzehrter Pilz ist tödlich!

Finger weg!

Achtung! Nicht anfassen! Nicht sammeln! Der Grüne Knollenblätterpilz ist der gefährlichste Giftpilz, den es bei uns gibt.

Er kommt eher in wärmeren Laubwäldern vor, in denen er vor allem unter Eichen und Rot-Buchen zu finden ist.

Der Hut hat einen Durchmesser von 8 bis 15 cm.

Den Grünen Knollenblätterpilz findest du von Juli bis Oktober.

Feb | Mär | Apr | Mai | Jun | **Jul** | **Aug** | **Sep** | **Okt** | Nov | Dez

Der Perlpilz

Amanita rubescens

Der Hut ist weißlich bis fleischrosa mit grauweißen bis grauen Flocken. Der Stiel wird nach unten hin dicker, dort erkennst du auch einzelne warzige Hüllreste. Ein typisches und eindeutiges Merkmal sind die rosa Verfärbungen an allen Pilzteilen. Diese fehlen bei sonst sehr ähnlichen Arten wie dem giftigen Pantherpilz (S. 39) und dem Grauen Wulstling.

Mach mit!

Wenn du den Perlpilz durchschneidest, verfärbt sich das Fleisch rötlich. Schon junge Pilze werden oft von Maden befallen. An den Fraßgängen der Maden kannst du die rötlichen Verfärbungen auch entdecken.

Der verbreitete und häufige Perlpilz kommt in Laub- und Nadelwäldern vor.

Der Graue Wulstling sieht dem Perlpilz ähnlich, zeigt aber keine Verfärbungen. Verwechsle ihn nicht mit dem Pantherpilz!

Der Hut hat einen Durchmesser von 8 bis 15 cm.

Den Perlpilz findest du von Juni bis Oktober.

Jan | Feb | Mär | Apr | Mai | Jun | Jul | Aug | Sep | Okt | Nov

Der Pantherpilz

Amanita pantherina

Auf dem hell- bis dunkelbraunen Hut des Pantherpilzes sitzen ringförmig viele feine weiße Flöckchen, die vom Regen abgewaschen werden können. Unverwechselbar ist der Pantherpilz durch den Wulst, der den Stiel an der Basis umschließt. Außerdem besitzt der Pantherpilz einen glatten, häutigen Ring an seinem Stiel.

Finger weg!

Der Pantherpilz enthält dieselben Giftstoffe wie der Fliegenpilz, allerdings in einer wesentlich höheren Konzentration. Weil es selbst für Pilzkenner schwierig ist, diesen Giftpilz von essbaren Perlpilzen und Grauen Wulstlingen zu unterscheiden, gibt es immer wieder Todesfälle nach dem Genuss des Pantherpilzes.

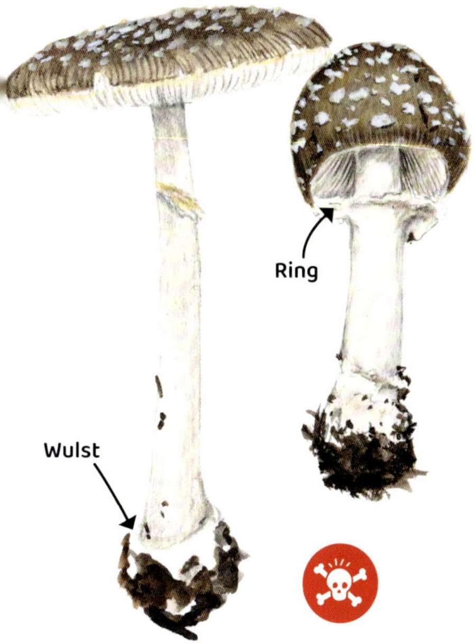

Der häufige Pantherpilz kommt in Laubwäldern und vereinzelt auch in Nadelwäldern vor. Er wächst meist unter Eichen und Fichten.

Der Hut hat einen Durchmesser von 8 bis 15 cm.

Den Pantherpilz findest du von Juli bis Oktober.

Feb | Mär | Apr | Mai | Jun | Jul | Aug | Sep | Okt | Nov | Dez

Der Wiesen-Egerling

Agaricus campestris

Der Wiesen-Egerling wird auch Wiesen-Champignon genannt. Er ist ein guter Speisepilz. Seine Lamellen auf der Unterseite des halbkugeligen weißen Hutes sind zunächst rosa, später schokoladenbraun – ein gutes Unterscheidungsmerkmal zum Knollenblätterpilz (siehe Seite 37).

Rosa bis braune Lamellen hat auch der Riesen-Egerling.

Wichtig zu wissen!

Es gibt noch weitere essbare Egerlingsarten: Am selben Standort wie der Wiesen-Egerling wächst der Weiße Anis-Egerling. An grasigen Stellen in Städten kommt der Stadt-Egerling vor, und mit bis zu 30 cm großen Hüten ist der Riesen-Egerling in Fichtenwäldern und Parks zu finden.

Der heute eher seltene Wiesen-Egerling kommt auf wenig gedüngten Wiesen und Weiden vor. Er wächst auch an etwas nährstoffreicheren Stellen in Wacholderheiden und sogar an grasigen Stellen in hellen Laubwäldern.

Der Hut hat einen Durchmesser von 5 bis 10 cm.

Den Wiesen-Egerling findest du von Mai bis November.

Jan	Feb	Mär	Apr	Mai	Jun	Jul	Aug	Sep	Okt	Nov

Der Karbol-Egerling

Agaricus xanthoderma

Den Karbol-Egerling kannst du an zwei deutlichen Merkmalen von den essbaren Egerlingen unterscheiden: Erstens riecht der ganze Pilz streng nach „Krankenhaus“, besonders beim Kochen. Zweitens verfärbt sich die Stielbasis quietschgelb, wenn du sie drückst.

Die gelbe Verfärbung hält nur kurze Zeit an, dann werden die Stellen wieder weiß.

Schau genau!

Der giftige Karbol-Egerling wächst manchmal in der Nähe essbarer Wiesen-Champignons (Seite 40). Wenn du auf die zwei typischen Merkmale – widerlicher Geruch und Gelbfärbung – achtest, kannst du diese beiden Pilzarten eindeutig voneinander unterscheiden.

Der häufige Karbol-Egerling bevorzugt nährstoffreichen Boden. Er wächst in Au- und Laubwäldern, Gärten, Parks und auf Wiesen, Weiden und Friedhöfen.

Der Hut hat einen Durchmesser von 7 bis 15 cm.

Den Karbol-Egerling findest du von Juli bis Oktober.

Feb | Mär | Apr | Mai | Jun | **Jul** | **Aug** | **Sep** | **Okt** | Nov | Dez

Der Parasol

Macrolepiota procera

Ein pizzagroßer Hut und ein bis zu 40 cm hoher Stiel: Der Parasol oder Riesenschirmling ist nicht zu übersehen und leicht zu bestimmen. Typisch für ihn ist der doppelte Ring, der sich am dunkelbraunen Stiel auf und ab schieben lässt. Der Stiel selbst zeigt eine Art Zickzackmuster.

Mach mit!

Der Parasol ist ein köstlicher Speisepilz. Du kannst den großen Hut wie ein Schnitzel panieren und dann in der Pfanne braten. Guten Appetit!

Den Parasol kannst du fast überall finden. Er wächst nicht nur in Wäldern und am Waldrand, sondern auch auf Wiesen. Sogar in Parkanlagen und auf Friedhöfen, am Straßen- und Wegrand kannst du diesen riesigen Pilz entdecken.

Das spanische Wort „Parasol" heißt auf Deutsch Sonnenschirm – klar, warum dieser Pilz so heißt.

Der Gift-Riesenschirmling hat einen glatten weißen Stiel und sein Fleisch verfärbt sich an verletzten Stellen braunrot.

Der Hut hat einen Durchmesser von 12 bis 30 cm.

Den Parasol findest du von Juli bis November.

Jan	Feb	Mär	Apr	Mai	Jun	Jul	Aug	Sep	Okt	Nov

Der Zierliche Mehlschirmling

Cystolepiota seminuda

Junge Mehlschirmlinge haben einen weißen, glockigen Hut, der später abflacht und bei älteren Exemplaren oft völlig flach ist. Typisch sind der zahnkranzartige Hutrand und die feine, mehlige Bestäubung. Auch der Stiel ist weiß bepudert. Davon bekam dieser Pilz seinen deutschen Namen Mehlschirmling.

Wie Zahnräder sehen die Hüte des Mehlschirmlings aus.

Buchen- und Auwälder sind der Lebensraum des Zierlichen Mehlschirmlings, in Nadelwäldern findet man ihn nur selten. Oft wächst er am Wegrand. Dieser Pilz ist bei uns weitverbreitet.

Erstaunlich!

Der Zierliche Mehlschirmling kommt nicht nur in fast ganz Europa vor, sondern auch in Nordamerika und in Nordafrika. Er wurde sogar schon in Australien und Japan entdeckt.

Der Hut hat einen Durchmesser von 1 bis 2,5 cm.

Den Zierlichen Mehlschirmling findest du von Juni bis November.

Feb | Mär | Apr | Mai | **Jun** | **Jul** | **Aug** | **Sep** | **Okt** | **Nov** | Dez

Der Schopf-Tintling

Coprinus comatus

Die walzenförmigen Hüte des Schopf-Tintlings können bis zu 25 cm hoch werden. Zunächst sind sie lang gestreckt, dann rollen sie sich von unten auf. Gleichzeitig verfärben sich die zunächst weißen Lamellen über Rosa nach Schwarz, bis sich dann sogar der Hutrand auflöst und in einer schwarzen, tintenähnlichen Flüssigkeit zerläuft.

Sehr junge Schopf-Tintlinge sind essbar, aber Vorsicht, es gibt auch ungenießbare Tintlingsarten!

Der Pilz ist weit verbreitet und überall recht häufig. Er wächst an Waldwegen und auf Wiesen, auf Rasenflächen, an Straßen- und Wegrändern, in Gärten und auf Kompostplätzen.

Mach mit!

Die Tinte zerfließender Schopf-Tintlinge kannst du mit Gummiarabikum (aus der Apotheke) mischen, dann erhältst du eine Tinte, mit der du schreiben kannst. Früher wurde diese Tinte tatsächlich benutzt, denn die darin enthaltenen Pilzsporen wurden in alten Schriftstücken entdeckt.

Der Hut hat einen Durchmesser von 4 bis 10 cm.

Den Schopf-Tintling findest du von Juli bis Oktober.

Der Gesäte Tintling

Coprinellus disseminatus

Obwohl der Gesäte Tintling so ein kleiner Pilz ist, fällt er auf: Hunderte von Hüten können dicht nebeneinander stehen. Weil dies wie ausgesät wirkt, kam dieser Tintling zu seinem deutschen Namen. Der halbkugelige bis glockenförmige Hut hat gut sichtbare Furchen. Er zerfließt nicht, wenn die Sporen reif werden.

Der Gesäte Tintling wächst überall, wo es morsches Laubholz gibt: auf Baumstümpfen, Baumstämmen oder auf toten Wurzeln. Du kannst ihn deshalb auch in Parks und Gärten finden.

Erstaunlich!

Die etwa 100 verschiedenen heimischen Tintlinge haben ihren Namen daher, dass sich ihre Lamellen bei Reife auflösen und schwarz werden. Die schwarze Farbe stammt von den schwarzen Sporen.

Erst im Lauf der Zeit verfärben sich die Lamellen dunkel.

Der Hut hat einen Durchmesser von 0,5 bis 1,5 cm.

Den Gesäten Tintling findest du von Mai bis Oktober.

Feb | Mär | Apr | Mai | Jun | Jul | Aug | Sep | Okt | Nov | Dez

Das Stockschwämmchen

Kuehneromyces mutabilis

Das Stockschwämmchen mit dem ocker- bis zimtbraunen Hut und dem schuppigen Stiel wächst in dichten Büscheln auf totem Holz. Es gilt als Speisepilz, trotzdem solltest du es nicht sammeln, da man es leicht mit seinem tödlich giftigen Doppelgänger verwechseln kann.

Finger weg!

Das Stockschwämmchen hat einen tödlich giftigen Doppelgänger, den Gift-Häubling, der manchmal sogar gleich neben ihm wächst. Die beiden Pilzarten sehen sich so ähnlich, dass selbst Pilzberater die beiden, wenn sie nur die Hüte haben, nicht unterscheiden können.

Der Gift-Häubling hat einen glatten, unbeschuppten Stiel, beim Stockschwämmchen ist er dicht mit feinen, abstehenden Schüppchen bedeckt.

In fast allen Wäldern kommt das häufige Stockschwämmchen vor. Es wächst bevorzugt auf totem Laubholz. In höheren Lagen kannst du es auch auf totem Fichtenholz finden.

Der Hut hat einen Durchmesser von 3 bis 6 cm.

Das Stockschwämmchen findest du von April bis November.

Jan | Feb | Mär | Apr | Mai | Jun | Jul | Aug | Sep | Okt | Nov

Der Grünblättrige Schwefelkopf

Hypholoma fasciculare

Auf der Unterseite des gelb- bis orangebraunen Hutes sitzen grüngelbe Lamellen, die sich bei Reife durch das Freisetzen der Sporen nach violettschwarz verfärben. Die Stielspitze ist grell grüngelb gefärbt.

Wichtig zu wissen!

Der Grünblättrige Schwefelkopf schmeckt sehr bitter und seine Giftstoffe führen zu starkem Erbrechen und Übelkeit. Sein ähnlicher Verwandter, der **Rauchblättrige Schwefelkopf**, hingegen ist essbar. Anders als der Grünblättrige Schwefelkopf hat er graue Lamellen und ist nicht grünlich gefärbt.

Der Rauchblättrige Schwefelkopf.

Den Grünblättrigen Schwefelkopf findet man sehr häufig auf totem Laub- und Nadelholz in verschiedenen Wäldern, er kommt auch auf morschen Wurzeln, vergrabenen Holzstücken, Rindenmulch (Baumrinde-Schnipsel) und Holzresten vor.

Der Hut hat einen Durchmesser von 2 bis 6 cm.

Den Grünblättrigen Schwefelkopf findest du von April bis Dezember.

Feb	Mär	Apr	Mai	Jun	Jul	Aug	Sep	Okt	Nov	Dez

Der Grünspan-Träuschling

Stropharia aeruginosa

Beim jungen Pilz ist der glockige bis gewölbte Hut blaugrün (manchmal mit weißlichen Flocken), der Stiel grautürkis mit weißen Schüppchen und die Lamellen sind grauweiß. Diese werden violettgrau, wenn die Sporen reif sind.

Der weitverbreitete und häufige Pilz kommt in Laub- und Nadelwäldern vor. Er wächst am Boden zwischen Falllaub oder Nadelstreu, zwischen morschem Holz, auf Rindenmulch, vermoderten Holzabfällen und Holzstückchen sowie auch am Wegrand.

Schau genau!

Genauso schön ist der ähnliche **Blaue Träuschling**. Er wächst gern auf einem Boden, der gut gedüngt ist. Du findest ihn am Straßen- und Wegrand, aber auch am Rand von Laubwäldern.

Blauer Träuschling

Der Hut hat einen Durchmesser von 3 bis 7 cm.

Den Grünspan-Träuschling findest du von August bis November.

Jan	Feb	Mär	Apr	Mai	Jun	Jul	Aug	Sep	Okt	Nov

Der Gold-Mistpilz

Bolbitius titubans

Der zarte Gold-Mistpilz besitzt einen grell zitronen- bis goldgelb gefärbten Hut. Dieser ist zuerst eiförmig, dann glockig und gewölbt und später abgeflacht. Dabei verblasst das Gelb. Die Lamellen sind wie heller Rost gefärbt, der Stiel gelblich-weißlich.

Schau genau!

Meist ist der Gold-Mistpilz ein zarter, zerbrechlich wirkender Pilz mit einem dünnen, papierähnlichen Hut und dünnem Stiel – vor allem auf Baumrinde-Schnipseln kannst du aber auch recht kräftige Exemplare mit massivem Stiel und stabilerem Hut entdecken.

Den sehr häufigen Gold-Mistpilz findest du auf gut gedüngten Wiesen und Weiden, in Gärten, an grasigen Wegrändern und auf Rindenmulch und Holzhäckseln. Wie sein Name sagt, gedeiht er auch auf Mist und Kot.

Der Hut hat einen Durchmesser von 1,5 bis 5 cm.

Den Gold-Mistpilz findest du von Mai bis Oktober.

Feb	Mär	Apr	Mai	Jun	Jul	Aug	Sep	Okt	Nov	Dez

Der Grünscheitelige Risspilz

Inocybe corydalina

Ihren Namen bekamen die Risspilze von ihrem meist mehrfach am Rand eingerissenen Hut. Der Pilz mit dem grauweißen, dunkel beschuppten Hut und einem graugrünen Scheitel riecht stark süßlich-blütenartig.

Wichtig zu wissen!

Unter den 140 verschiedenen heimischen Risspilzarten gibt es keinen einzigen Vertreter, der ein echter Speisepilz wäre – alle Risspilze sind giftig oder giftverdächtig. Um die einzelnen Arten voneinander zu unterscheiden, spielt auch der Geruch eine Rolle: Der Grünscheitelige Risspilz duftet süßlich nach Blüten, der größere **Ziegelrote Risspilz** eher nach vergorenen Früchten. Manche Risspilze riechen nach Pferdestall, Bittermandeln, nach Birnenblüten oder nach Fisch.

Ziegelroter Risspilz

Der Grünscheitelige Risspilz wächst in Laubwäldern, vor allem unter Rot-Buchen und Eichen.

Der Hut hat einen Durchmesser von 3 bis 8 cm.

Den Grünscheiteligen Risspilz findest du von Juli bis Oktober.

Jan | Feb | Mär | Apr | Mai | Jun | Jul | Aug | Sep | Okt | Nov

Der Blutrote Hautkopf

Cortinarius sanguineus

Hut, Lamellen und Stiel des Blutroten Hautkopfs sind blut- bis braunrot gefärbt. Er riecht außerdem ein wenig nach Rettich.

Der Blutrote Hautkopf wächst auf sauren, feuchten und nährstoffarmen Böden in Nadelwäldern, vor allem unter Fichten. Hin und wieder trifft man ihn auch in Buchenwäldern an. In Berglagen ist dieser Pilz verbreitet, im Flachland hingegen eher selten anzutreffen.

Gelbblättriger Hautkopf

Erstaunlich!

Mit diesem Pilz kann man Wolle und andere Naturfasern wie Seide oder Baumwolle blutrot färben – allerdings braucht es dazu mehrere Kilogramm Pilze. Eine Menge, die man erst einmal sammeln muss! Der **Gelbblättrige Hautkopf** färbt Naturfasern strohgelb. Die Lamellenfarbe bestimmt den Farbton.

Der Hut hat einen Durchmesser von 2 bis 6 cm.

Den Blutroten Hautkopf findest du von August bis Oktober.

Feb | Mär | Apr | Mai | Jun | Jul | Aug | Sep | Okt | Nov | Dez

Der Violette Schleierling

Cortinarius violaceus

Unverkennbar: Hut, Lamellen und der keulenförmige Stiel dieses Pilzes sind blauviolett bis dunkelviolett. Wird der Pilz älter, verändert sich die Färbung nach Braunviolett. Die Oberfläche des Huts ist plüschig. Der Pilz duftet schwach nach Zedernholz.

Erstaunlich!

Dieser Pilz wird wegen seiner dunklen Färbung auch Mitternachtspilz genannt. Er kommt nicht nur bei uns in Europa, sondern auch in Japan, Nordamerika, Australien und Neuseeland vor.

Der Violette Schleierling gedeiht vor allem unter Fichten und Rot-Buchen von Laub- und Nadelwäldern. In Berglagen ist dieser Pilz verbreitet, im Flachland eher selten.

Der Hut hat einen Durchmesser von 5 bis 12 cm.

Den Violetten Schleierling findest du von Juli bis November.

Jan | Feb | Mär | Apr | Mai | Jun | Jul | Aug | Sep | Okt | Nov

Der Fichten-Reizker

Lactarius deterrimus

Der orange- bis lachsfarbene Hut hat in der Mitte eine leichte Vertiefung. Alte Hüte können grüne Flecken bekommen. Die lachs- bis karottenroten Lamellen stehen dicht gedrängt und werden sie verletzt, tropft eine rötliche Milch aus der Stelle.

Schau genau!

Einige Reizker haben eine orangefarbene Milch. Sie sind gute Speisepilze, die man scharf anbraten sollte. Jede Reizkerart lebt in enger Gemeinschaft mit einer bestimmten Nadelbaumart: der Fichten-Reizker unter Fichten, der Lachs-Reizker unter Tannen und der **Edel-Reizker** unter Kiefern.

Edel-Reizker

Der häufige Fichten-Reizker kommt nur unter Fichten vor – du kannst ihn in Nadel- und Mischwäldern entdecken, aber auch in Baumschulen und am Straßenrand. In reinen Fichtenforsten tritt er mitunter massenhaft auf.

Der Hut hat einen Durchmesser von 5 bis 10 cm.

Den Fichten-Reizker findest du von Juli bis Oktober.

Feb | Mär | Apr | Mai | Jun | **Jul** | **Aug** | **Sep** | **Okt** | Nov | Dez

Der Orangefuchsige Milchling

Lactarius fulvissimus

Der dunkelorange bis kastanienbraune Hut des Orangefuchsigen Milchlings besitzt einen gelben, welligen Rand, der häufig mit Wassertropfen besetzt ist. Aus verletzten Stellen tritt eine weiße Milch aus, die beim Eintrocknen cremegelb wird.

Der Orangefuchsige Milchling gedeiht in Laubwäldern und in Parks. Er kommt auch in Fichtenwäldern vor.

Wichtig zu wissen!

Unter den etwa 75 heimischen Milchlingsarten gibt es solche mit orangefarbener Milch (wie den Fichten-Reizker und) andere mit weißer Milch. Arten mit orangefarbener Milch sind gute Speisepilze. Bei Milchlingen mit weißer Milch muss man sich gut auskennen, denn es gibt essbare, ungenießbare und sogar giftige Vertreter. Also Vorsicht!

Der Zottige Birken-Milchling hat einen fransigen Hutrand.

Der Hut hat einen Durchmesser von 4 bis 8 cm.

Den Orangefuchsigen Milchling findest du von Juni bis Oktober.

Jan | Feb | Mär | Apr | Mai | Jun | Jul | Aug | Sep | Okt | Nov

Der Pfirsich-Täubling

Russula violeipes

Bei diesem Pilz kann man eigentlich keine Farben angeben, denn es gibt gelblich grüne Formen oder auch gelblich violette. Im Alter sind der Hut und der feinsamtige Stiel oft schwach violett oder purpurlila gefärbt und sehen aus wie „Heidelbeerkompott mit Vanillesauce".

Schau genau!

Täublinge sind nah mit den Milchlingen verwandt. Unter den rund 140 heimischen Täublingsarten sind alle mit mildem Geschmack essbar, während die scharf schmeckenden beim Kochen bitter werden. Der Genuss der giftigen Spei- und Stink-Täublinge führt zu Übelkeit und Erbrechen.

In Fichtenwäldern und auf nassem Boden findest du den Spei-Täubling.

Der Pfirsich-Täubling wächst in einer Lebensgemeinschaft mit Laubbäumen, am liebsten mit Rot-Buchen. Nur selten gedeiht er auch unter Fichten.

Der Hut hat einen Durchmesser von 5 bis 10 cm.

Den Pfirsich-Täubling findest du von Juni bis Oktober.

Feb | Mär | Apr | Mai | Jun | Jul | Aug | Sep | Okt | Nov | Dez

Der Semmel-Stoppelpilz

Hydnum repandum

Den Semmel-Stoppelpilz kannst du mit keinem anderen Pilz verwechseln. Auf der Unterseite des dickfleischigen, gelblichen Hutes sitzen dicht an dicht helle Stacheln, die ein kleines Stückchen am Stiel herabwachsen.

Hier siehst du die Stacheln.

Der weitverbreitete und häufige Semmel-Stoppelpilz kommt in Laub- und Nadelwäldern vor, in denen er auf Fichtennadelstreu oder Buchenlaub wächst.

Wichtig zu wissen!

Wegen des festen Fleischs sind Semmel-Stoppelpilze beliebte Speisepilze. Da ältere Pilze bitter werden, sammeln Pilzkenner nur die jungen Pilzhüte. Um diese zu erkennen, musst du die Stacheln berühren: Haften die Stacheln fest an, so handelt es sich um einen jungen Pilz, fallen sie schon bei leichter Berührung ab, so handelt es sich um ein älteres Exemplar.

Der Hut hat einen Durchmesser von 4 bis 15 cm.

Den Semmel-Stoppelpilz findest du von Juli bis Oktober.

Jan | Feb | Mär | Apr | Mai | Jun | Jul | Aug | Sep | Okt | Nov

Der Echte Pfifferling

Cantharellus cibarius

Der Pfifferling ist einer der besten und bekanntesten Speisepilze. Die dottergelbe Farbe macht ihn unverwechselbar. Im Herbst kannst du ihn auf dem Markt oder am Gemüsestand im Supermarkt kaufen, diese Pilze kommen aber nicht aus Deutschland.

Wichtig zu wissen!

Der Pfifferling hat viele verschiedene Namen: Pfifferling kommt von seinem ursprünglichen Namen „Pfefferling“. Der Pilz schmeckt roh pfeffrig. „Eierschwamm“ spielt auf die dottergelbe Farbe an und „Rehling“ auf sein Wachstum entlang von Rehfährten. In manchen Gegenden ist er selten geworden und in Deutschland geschützt. Er darf nur in geringen Mengen für den Eigenbedarf gesammelt werden.

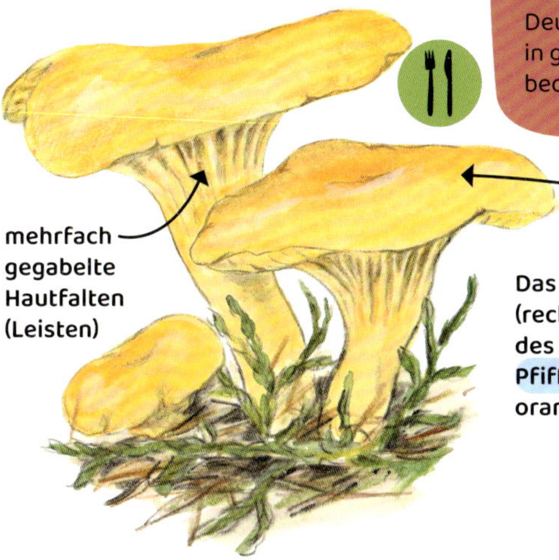

Das Fleisch des Echten Pfifferlings (rechts oben) ist weiß. Das Fleisch des ungenießbaren Falschen Pfifferlings (unten) ist orange gefärbt.

Der Echte Pfifferling wächst in Kiefern- und Fichtenwäldern, oft gedeiht er in dichten Gruppen tief im Moos.

Der Hut hat einen Durchmesser von 3 bis 10 cm.

Den Echten Pfifferling findest du von Juli bis November.

Feb | Mär | Apr | Mai | Jun | Jul | Aug | Sep | Okt | Nov | Dez

Die Herbsttrompete

Craterellus cornucopioides

Ein bisschen unheimlich und eher giftig sieht die Herbsttrompete aus, die auch Totentrompete genannt wird. Trotz der abschreckenden Färbung ist sie ein guter Speisepilz mit einem würzigen Geschmack.

Wichtig zu wissen!

Herbsttrompeten eignen sich gut zum Trocknen. Du solltest aber nur junge Pilze nehmen. Diese erkennst du an dem brüchigen Fruchtfleisch. Alte, ungenießbare Pilze hingegen fühlen sich lasch und gummiartig an.

In manchen Rot-Buchenwäldern bildet die Herbsttrompete große Bestände. In vielen Regionen kommt sie aber nur selten vor. Im Laub ist sie nicht leicht zu entdecken.

Der Hut hat einen Durchmesser von 3 bis 8 cm.

Die Herbsttrompete findest du von August bis November.

Jan	Feb	Mär	Apr	Mai	Jun	Jul	Aug	Sep	Okt	Nov

Der Ohrlöffel-Stacheling

Auriscalpium vulgare

Der kleine, dunkle Pilz besitzt einen rundlichen bis nierenförmigen, braunfilzigen Hut, dessen Unterseite dicht mit kleinen Stacheln besetzt ist (ähnelt einer Katzenzunge). Sein typisches Aussehen macht ihn unverwechselbar.

Der Ohrlöffel-Stacheling wächst auf Kiefernzapfen, die am Boden liegen (auch auf vergrabenen Zapfen). Selten kommt er auch auf Fichtenzapfen vor. Obwohl dieser kleine Pilz bei uns verbreitet ist, wird er leicht übersehen.

Erstaunlich!

Der Ohrlöffel-Stacheling kommt nicht nur bei uns in Europa, sondern auch in Nordamerika und Asien vor. Dort hat er es sogar bis nach Sibirien geschafft.

Der Hut hat einen Durchmesser von 0,5 bis 2 cm.

Den Ohrlöffel-Stacheling findest du das ganz Jahr über.

Feb | Mär | Apr | Mai | Jun | Jul | Aug | Sep | Okt | Nov | Dez

Die Stinkmorchel

Phallus impudicus

Aufgepasst, zunächst erscheint ein eiförmiges Gebilde, das sogenannte Hexenei. Sein Kern ist von einer glibberigen gelblichen Masse umgeben, die von einer weißen, ledrigen Haut umschlossen wird. Beobachte den Pilz über ein paar Stunden: Aus dem Hexenei wächst ein weißer Stiel empor. An seinem Ende befindet sich ein Kopf, der von einer olivgrünen, stinkenden Sporenmasse umgeben ist.

Riech genau!

Dieser Pilz stinkt: Die Sporenmasse riecht für uns widerlich nach Aas, aber lecker für Fliegen. Sie kommen und fressen nach und nach die Masse ab. Mit ihrem Kot verbreiten sie die Sporen. Der Kopf des Pilzes bleibt als weißes Gerippe übrig.

Als Hexenei kann man die Stinkmorchel braten und tatsächlich verspeisen.

Die Stinkmorchel kommt in allen Laub- und Nadelwäldern vor. Folg deiner Nase: Auch in Fichtenforsten, im Gebüsch, unter Hecken und in Parkanlagen kannst du diesen häufigen und weitverbreiteten Pilz erschnüffeln.

Die Stinkmorchel hat eine Höhe von 12 bis 20 cm.

Die Stinkmorchel findest du von Juni bis November.

Jan | Feb | Mär | Apr | Mai | Jun | Jul | Aug | Sep | Okt | Nov

Die Speise-Morchel

Morchella esculenta

Die honig- bis ockergelbe Speise-Morchel besitzt einen auffallenden eiförmigen Hut aus gewundenen ockerfarbenen Rippen, die längliche, unregelmäßige Gruben bilden. Riech mal: Dieser beliebte Speisepilz duftet angenehm würzig.

Finger weg!

Pilzsammler dürfen die Speise-Morchel nicht mit den giftigen Lorcheln (siehe Seite 62) verwechseln, die ebenfalls im Frühling erscheinen.

Erstaunlich!

Speise-Morcheln können über 30 cm hoch werden und bis zu 10 cm breite Hüte besitzen. Sie schmecken besonders würzig, wenn man sie trocknet. Auf Holzlager- und Rindenschälplätzen wächst von März bis Mai häufig die essbare Spitz-Morchel.

Spitz-Morcheln

Die verbreitete Speise-Morchel wächst fast immer unter Eschen in Auwäldern und entlang von Bachläufen. Manchmal kannst du sie auch unter Obstbäumen finden.

Die Speise-Morchel hat eine Höhe von 3 bis 12 cm.

Die Speise-Morchel findest du von April bis Mai.

Feb | Mär | **Apr** | **Mai** | Jun | Jul | Aug | Sep | Okt | Nov | Dez

Die Frühjahrs-Lorchel

Gyromitra esculenta

Der gelb-, rot- bis dunkelbraune Hut der Frühjahrs-Lorchel ist unregelmäßig gewunden. Der helle Stiel ist kurz und runzelig. Weil dieser Pilz sehr giftig ist, im rohen Zustand sogar tödlich giftig, wird er auch Gift-Lorchel genannt.

Finger weg!

Die Frühjahrs-Lorchel nicht mit der essbaren Speise-Morchel (siehe Seite 61) verwechseln!

Schau genau!

Im Herbst erscheint die weißliche bis creme-farbene **Herbst-Lorchel**. An ihrem merkwürdigen, zwei- bis dreilappigen Hut kannst du sie gut erkennen. Du solltest diesen Pilz nicht essen.

Herbst-Lorcheln

Die Frühjahrs-Lorchel kommt vor allem auf den sandigen Böden der Kiefernwälder vor, wächst aber auch auf Holzlagerplätzen, Rindenmulch und rund um morsche Kiefernstümpfe.

Die Frühjahrs-Lorchel hat eine Höhe von 3 bis 12 cm.

Die Frühjahrs-Lorchel findest du von April bis Mai.

Jan | Feb | Mär | Apr | Mai | Jun | Jul | Aug | Sep | Okt | Nov

Der Riesen-Bovist

Calvatia gigantea

Was du hier entdeckt hast, ist kein Fußball, sondern der kugelige, große Fruchtkörper des Riesen-Bovists. Junge Exemplare sind innen weiß. Beim reifen Pilz reißt die äußere Hülle auf und die braune, pulvrige Sporenmasse wird frei. Mit der Zeit zerfällt der Pilz.

Der Riesen-Bovist wächst auf gut gedüngten Böden von Obstwiesen und Grünflächen, aber auch im Gebüsch.

Erstaunlich!

Der Riesen-Bovist trägt seinen Namen zu Recht – ein einzelner Pilzkörper (links) kann bis zu 2 kg wiegen. Solange die Boviste innen noch weiß sind, können sie in daumendicke Scheiben geschnitten und wie ein Schnitzel gebraten werden.

Der Riesen-Bovist hat einen Durchmesser von 20 bis 50 cm.

Den Riesen-Bovist findest du von Juli bis November.

Feb | Mär | Apr | Mai | Jun | Jul | Aug | Sep | Okt | Nov | Dez

Der Flaschen-Stäubling

Lycoperdon perlatum

Drückst du einen reifen Pilz, stäuben die Sporen aus einer Öffnung in der Hutmitte

Der weiße Flaschen-Stäubling sieht wie eine umgedrehte Birne aus, die mit kleinen Stacheln und Warzen besetzt ist. Diese kann man leicht abwischen. Drück den Pilz doch mal, er fühlt sich wie Schaumstoff an.
Der Kopf reifender Stäublinge verfärbt sich innen von Weiß zu Olivbraun.

Schau genau!

Wie winzig kleine, bräunliche Igelkinder sehen die **Igel-Stäublinge** aus. Ihre Stacheln sind nur schwer abzuwischen. Alte Pilze verlieren ihre Stacheln und bekommen einen kahlen Kopf. Wo die Stacheln saßen, sieht man noch Abdrücke. Igel-Stäublinge wachsen in Buchenwäldern.

Der sehr häufige Flaschen-Stäubling kommt in allen Laub- und Nadelwäldern vor, in denen er auf der Laub- und Nadelstreu gedeiht.

Der Flaschen-Stäubling hat einen Durchmesser von 4 bis 7 cm.

Den Flaschen-Stäubling findest du von Juni bis Dezember.

Jan | Feb | Mär | Apr | Mai | Jun | Jul | Aug | Sep | Okt | Nov

Der Dickschalige Kartoffelbovist

Scleroderma citrinum

Mit seiner schuppigen Oberfläche sieht der knollig-kugelige, harte Kartoffelbovist tatsächlich wie eine Kartoffel aus. Aber Achtung, dieser Pilz ist giftig! Wenn du ihn aufschneidest, entdeckst du die dicke Rinde und das violett-schwarze Innere.

Erstaunlich!

Wie beim Riesen-Bovist und beim Stäubling reifen die Sporen des Kartoffelbovists im Innern des Fruchtkörpers heran. Wenn die Sporen reif sind und ein dicker Regentropfen auf den Bovist fällt, bricht der Fruchtkörper oben auf und entlässt die Sporen in einer dichten Wolke. So verbreiten sich die Sporen. Du kannst die Sporen auch freisetzen, indem du sanft mit dem Fuß auf einen reifen Bovist trittst.

Der kleinere Dünnschalige Kartoffelbovist wächst in Eichen- und Buchenwäldern sowie in Gärten.

Die violett-schwarze Masse sind die Sporen.

Der verbreitete Dickschalige Kartoffelbovist kommt vor allem in Nadelwäldern vor, er gedeiht aber auch in Laubwäldern.

Der Pilz hat einen Durchmesser von 5 bis 15 cm.

Den Dickschaligen Kartoffelbovist findest du von Juli bis Dezember.

Feb | Mär | Apr | Mai | Jun | Jul | Aug | Sep | Okt | Nov | Dez

Der Gewimperte Erdstern

Geastrum fimbriatum

Dieser kleine hellbraune Pilz sieht wie ein Stern aus, der am Waldboden wächst. Bei uns gibt es etwa 25 Arten von Erdsternen. Zunächst bildet sich im Erdboden eine geschlossene Kugel. Sie reißt in der Mitte auf und bildet Lappen, die sich nach außen umbiegen. Dadurch hebt sich die kugelförmige Innenhülle nach oben. Prallen dann Regentropfen auf die reife Kugel, stäuben die Sporen heraus.

Erstaunlich!

Wetterstern

Der Wetterstern heißt so, weil er sich bei Feuchtigkeit öffnet und bei trockenem Wetter schließt. Solange der Pilz nicht alt ist, funktioniert das immer wieder. Du findest ihn auf sandigen Böden in Laub- und Nadelwäldern.

Der häufige Gewimperte Erdstern wächst in Nadelwäldern auf der Nadelstreu unter Fichten. Meist kommt er in kleinen Gruppen vor.

Der Gewimperte Erdstern hat einen Durchmesser von 2 bis 5 cm.

Den Gewimperten Erdstern findest du von September bis Oktober.

Jan	Feb	Mär	Apr	Mai	Jun	Jul	Aug	Sep	Okt	Nov

Der Gestreifte Teuerling

Cyathus striatus

Der kleine Fruchtkörper ist schüsselförmig, dunkelbraun und zottig behaart. Charakteristisch sind die braunen Streifen in der Schüssel.

Den Gestreiften Teuerling kannst du auf Ästchen, Blättern und Nadeln entdecken. Den kleinen Pilz übersieht man schnell, dabei kommt er häufig vor.

Erstaunlich!

Solange der Pilz heranreift, verschließt ein weißer Deckel die Schüssel. Sobald die Sporen reif sind, reißt er auf. Blickst du ins Innere des Pilzes, entdeckst du darin kleine linsenförmige Sporenpäckchen. Beim nächsten Regen werden sie von den auftreffenden Regentropfen hinausgeschleudert. Dabei entrollen sich Fäden, die sich um Halme und Ästchen wickeln. So befestigt, reifen die Sporen in den Päckchen aus. Dann reißt das Päckchen auf und die Sporen werden verstreut.

Der Gestreifte Teuerling hat einen Durchmesser von 1 bis 2 cm.

Den Gestreiften Teuerling findest du von Mai bis November.

Feb	Mär	Apr	Mai	Jun	Jul	Aug	Sep	Okt	Nov	Dez

Die Sommer-Trüffel

Tuber aestivum

Die unregelmäßig kugeligen bis knolligen Sommer-Trüffeln besitzen eine schwarze Außenschicht, die dicht an dicht mit harten Warzen besetzt ist. So wirkt der Pilz fast wie eine Frucht, die vom Baum gefallen ist.

Die Sommer-Trüffel wird auch Burgunder-Trüffel genannt.

Hunde mit ihrem feinen Geruchssinn sind gute Trüffel-Spürnasen.

Die Sommer-Trüffel kommt vor allem in den Eichen- und Buchenwäldern Deutschlands vor.

Wichtig zu wissen!

Trüffeln sind sehr fest. Im Sommer haben die noch unreifen Pilzkörper keinen Duft. Wenn sie im September heranreifen, riechen sie zunächst nach Knoblauch oder Malz, später nach reifem Camembert. Die Sommer-Trüffel steht unter strengem Artenschutz und darf nicht gesammelt werden. Die im Süden Europas heimische, ähnlich aussehende Perigord-Trüffel darf gesammelt werden. Sie ist eine kostbare Spezialität. Bis zu 3000 Euro kann ein Kilo Trüffeln kosten.

Die Sommer-Trüffel hat einen Durchmesser von 2 bis 8 cm.

Die Sommer-Trüffel findest du von Juni bis März.

Jan | Feb | Mär | Apr | Mai | Jun | Jul | Aug | Sep | Okt | Nov

Der Tintenfischpilz

Clathrus archeri

Vorsicht Wald-Krake: Der Tintenfischpilz sieht in unserem Wald ziemlich exotisch aus. Junge Tintenfischpilze sind kugelige Hexeneier, aus denen sich bald mehrere rote, bis zu 10 cm lange Arme in die Höhe und dann seitlich zu einem sternförmigen Gebilde strecken. Das Aussehen erinnert klar an einen Tintenfisch.

Der Pilz verströmt wie die Stinkmorchel einen intensiven Geruch nach Aas.

Wichtig zu wissen!

Ursprünglich stammt der Tintenfischpilz aus Neuseeland. Von dort wurde er vor rund 100 Jahren nach Europa verschleppt. Die ersten Exemplare wuchsen im Elsass. Seitdem breitet sich der Tintenfischpilz auch in Deutschland aus.

Der Aasgeruch lockt Fliegen an

Der Tintenfischpilz wächst in und am Rand von Laubwäldern, kommt aber auch im Gebüsch und in Gärten vor. Im südwestlichen Deutschland kannst du ihn häufig entdecken, im Nordosten ist er selten.

angeschnittenes Hexenei

Der Tintenfischpilz hat einen Durchmesser von bis zu 20 cm.

Den Tintenfischpilz findest du von Juni bis November.

Feb	Mär	Apr	Mai	Jun	Jul	Aug	Sep	Okt	Nov	Dez

Der Buchen-Stachelbart

Hericium coralloides

Auf den ersten Blick sieht der Buchen-Stachelbart aus, als hätte jemand Zuckerguss über ihm verschüttet. Der schwammartige, fein verästelte Pilz ist mit 1 bis 2 cm langen, herabhängenden Stacheln besetzt, die wie in einem Kamm nebeneinanderstehen.

Mach mit!

Drückst du den ganzen Pilzkörper zusammen, so fühlt er sich an, als ob er aus Gummi gemacht wäre. Tatsächlich ist der Buchen-Stachelbart sehr elastisch. Da es in unseren Wäldern immer weniger dickes, morsches Holz gibt, ist der Pilz selten geworden. Fass ihn also vorsichtig an.

Der Buchen-Stachelbart wächst vor allem in Buchenwäldern in Schluchten und an See- oder Bachufern mit hoher Luftfeuchtigkeit. Du findest ihn auf dicken, morschen, stehenden oder liegenden Buchenstämmen.

Der Buchen-Stachelbart hat einen Durchmesser von 20 bis 70 cm.

Den Buchen-Stachelbart findest du von Oktober bis November.

Jan | Feb | Mär | Apr | Mai | Jun | Jul | Aug | Sep | Okt | Nov

Die Steife Koralle

Ramaria stricta

Die Korallen sind ziemlich auffällige Pilze. Sie heißen so, weil sie an die Korallen aus dem Meer erinnern. Die Steife Koralle bildet bis zu 12 cm breite, stark verzweigte Fruchtkörper mit vielen bis zu 10 cm langen, ockergelben, fleischfarbenen bis rötlichen Ästen. Das Fleisch ist nicht brüchig, sondern elastisch.

Die Steife Koralle kommt in allen Laubwäldern vor. Sie wächst stets auf morschem Laubholz, besonders auf Buchenholz.

Dicke, verzweigte Äste bilden den Fruchtkörper der Bauchweh-Koralle.

Schau genau!

Bei uns gibt es etwa 50 verschiedene Korallenpilze. Die **Grünspitzige Koralle** ähnelt der Steifen Koralle, hat aber grüne Astspitzen. Eine große Koralle ist die giftige Bauchweh- oder Blasse Koralle. Wie ihr Name sagt, bekommt man schreckliche Magenschmerzen, wenn man sie isst.

Die Steife Koralle ist 3 bis 10 cm hoch.

Die Steife Koralle findest du von August bis November.

Feb	Mär	Apr	Mai	Jun	Jul	Aug	Sep	Okt	Nov	Dez

Die Herkules-Riesenkeule

Clavariadelphus pistillaris

Wie eine Keule steht die ockergelbe bis gelbbraune Herkules-Riesenkeule auf dem Waldboden. Bei jungen Exemplaren ist die Haut noch glatt, später wird sie runzelig.

Der Pilz hat seinen Namen von dem für seine Stärke berühmten griechischen Halbgott Herkules. Er hatte als Waffe auch eine selbst geschnitzte Keule.

Alte Röhrige Keulen haben eine eingesunkene Spitze.

Röhrige Keule

Schau genau!

In Laub- und Nadelwäldern, häufig auf vergrabenem Holz, wächst die **Röhrige Keule**. Zwischen dürren Ästen und Laub ist sie nicht einfach zu entdecken, weil sie selbst wie ein dünner Ast aussieht. Immerhin kann sie bis zu 30 cm hoch werden.

Die Herkules-Riesenkeule wächst in Buchenwäldern. Manchmal kommt sie einzeln vor, sie kann aber auch in Massen auftreten.

Die Herkules-Riesenkeule ist 7 bis 15 cm hoch.

Die Herkules-Riesenkeule findest du von August bis Dezember.

Jan | Feb | Mär | Apr | Mai | Jun | Jul | Aug | Sep | Okt | Nov

Die Krause Glucke

Sparassis crispa

Die Krause Glucke sieht wie ein im Wald verlorener Schwamm oder wie ein alter Blumenkohl aus. Ihr cremefarbener Fruchtkörper besteht aus vielen blatt- und tangartig gewundenen Ästen, deren Ränder oben umgebogen sind. Die Ästchen brechen leicht ab.

Erstaunlich!

Krause Glucken sind beliebte Speisepilze, die würzig schmecken. Gut ist, dass sie mit keinem giftigen Pilz verwechselt werden können. Die größten Exemplare werden bis zu 60 cm lang und wiegen bis zu 14 kg.

Die Krause Glucke wächst in Nadelwäldern an Baumstämmen oder neben Baumstümpfen, am liebsten bei Kiefern. Du kannst sie aber auch bei Fichten, Tannen, Lärchen oder Douglasien finden. Sie ist ein Parasit.

Die Krause Glucke hat einen Durchmesser von 15 bis 40 cm.

Die Krause Glucke findest du von August bis November.

Feb	Mär	Apr	Mai	Jun	Jul	Aug	Sep	Okt	Nov	Dez

Der Klebrige Hörnling

Calocera viscosa

Der Klebrige Hörnling ist verzweigt wie ein Hirschgeweih. Er hat klebrige Spitzen und ist dotter- bis orangegelb gefärbt. Sein Fleisch ist ganz gummiartig. Bei Trockenheit wird er hornartig hart und verfärbt sich rotorange.

Der Laubholz-Hörnling ist klein und nicht verzweigt.

Wichtig zu wissen!

Obwohl der Klebrige Hörnling den Korallenpilzen (siehe Seite 71) ähnelt, ist er keiner. Er kommt nur auf totem, modrigem Nadelholz vor, das er weiter zersetzt. Korallenpilze hingegen leben in Symbiose mit gesunden Bäumen.

Der Klebrige Hörnling ist ein häufiger Pilz. Er wächst auf altem, morschem Nadelholz.

Der Klebrige Hörnling ist 1 bis 8 cm hoch.

Den Klebrigen Hörnling findest du von Juni bis November.

Jan | Feb | Mär | Apr | Mai | Jun | Jul | Aug | Sep | Okt | Nov

Die Geweihförmige Holzkeule

Xylaria hypoxylon

Der Fruchtkörper der Geweihförmigen Holzkeule besteht aus vielen dünnen Stielen und Ästen, die meist geweihförmig verzweigt sind. Eigentlich sind sie schwarz, werden aber von einem weißen Sporenpuder überzogen.

Erstaunlich!

Die bis zu 8 cm hohe **Langstielige Holzkeule** sieht fast wie eine Wunderkerze aus. Auch sie wächst auf morschen Ästen und Stämmen von Laubbäumen, häufig auf Ahorn. Siehst du einen alten Ast, der wie ein Giraffenhals gemustert ist, dann kommt das durch das Myzel dieser Holzkeule.

Die häufige Geweihförmige Holzkeule wächst auf nicht zu morschem Holz, vor allem dem von Laubbäumen.

Die Geweihförmige Holzkeule ist 3 bis 5 cm hoch.

Die Geweihförmige Holzkeule findest du das ganze Jahr über.

Feb | Mär | Apr | Mai | Jun | Jul | Aug | Sep | Okt | Nov | Dez

Der Zunderschwamm

Fomes fomentarius

Ein noch junger Zunderschwamm sitzt als kugeliger Pilz am Baumstamm. Wird er älter, wächst er kappenförmig weiter nach außen. Je älter der Pilz ist, desto mehr Schichten hat er. Er wölbt sich mit einem Wulst nach vorn und kann gelb, rotbraun oder grau gefärbt sein. Der Zunderschwamm befällt geschwächte Bäume. Seine Zellfäden durchdringen das Holz, zersetzen es und bringen den Baum schließlich zum Absterben.

Erstaunlich!

Früher sammelten Menschen den Zunderschwamm, weil sich Teile des Pilzes gut verarbeiten ließen und diese als Ersatz für Leder dienten. Es entstanden zum Beispiel Taschen und Hüte. Außerdem verwendete man Teile des Zunderschwamms zum Feuermachen (siehe Seite 105). Daher stammt die Redensart: „Das brennt wie Zunder."

Ein morscher Buchenstamm voller Zunderschwamm.

Der Zunderschwamm wächst nur auf Laubbäumen, vor allem auf Rot-Buchen und Birken sowie entlang der Flüsse auf Pappeln. Früher konntest du große Exemplare finden. Heute sind diese seltener geworden.

Der Zunderschwamm hat einen Durchmesser von 10 bis 30 cm.

Den Zunderschwamm findest du das ganze Jahr über.

Jan | Feb | Mär | Apr | Mai | Jun | Jul | Aug | Sep | Okt | Nov

Der Birken-Zungenporling

Fomitopsis betulina

Den polster- bis kissenförmigen Birken-Zungenporling erkennst du an dem glatten, zunächst weißen, dann hellgrauen bis graubräunlichen Hut. Im Alter wird der Hut rissig. Auf der Unterseite hat er helle Poren.

Wie sein Name sagt, wächst der Birken-Zungenporling auf stehenden und liegenden Stämmen und Ästen der Birke.

So etwa könnte Ötzi ausgesehen haben. Er trug allerdings eine Jacke aus braunem und weißem Fell.

Erstaunlich!

Der berühmte „Ötzi" trug Birken-Porlinge in seinem Gepäck. Die Inhaltsstoffe des Pilzes wirken blutstillend und entzündungshemmend. Ein Tee aus Birken-Zungenporling hilft gegen Magenschmerzen und Magenreizung. Ötzi war vor etwa 5300 Jahren in den Ötztaler Alpen unterwegs, verunglückte tödlich und blieb in Eis und Schnee als Mumie erhalten.

Der Birken-Zungenporling hat einen Durchmesser von 6 bis 20 cm.

Den Birken-Zungenporling findest du von Juni bis Dezember.

Feb	Mär	Apr	Mai	Jun	Jul	Aug	Sep	Okt	Nov	Dez

Der Schwefel-Porling

Laetiporus sulphureus

Was wächst am Baum und ist gelb? Kein anderer Baumpilz ist so zitronen- oder orangefarben wie der Schwefel-Porling. Wenn er alt wird, bleicht er aus. Nur junge Schwefel-Porlinge sind essbar.

Wichtig zu wissen!

Der Schwefel-Porling befällt lebende Laubbäume. Seine Zellfäden wachsen durch das Holz und lassen den Baum absterben. Der **Rotrandige Baumschwamm** hingegen wächst auf totem Laub- und Nadelholz, von dem er sich ernährt und das er dabei zersetzt. Er hat glänzende schwärzlich-rote Ränder.

Der häufige Schwefel-Porling kommt in Laub- und Auwäldern, in Parks und Gärten vor. Er wächst besonders häufig an Weiden, Eichen und Obstbäumen wie Birne und Kirsche.

Der Schwefel-Porling hat einen Durchmesser von 10 bis 30 cm.

Den Schwefel-Porling findest du von Mai bis November.

Jan | Feb | Mär | Apr | Mai | Jun | Jul | Aug | Sep | Okt | Nov

Die Schmetterlings-Tramete

Trametes versicolor

Die Schmetterlings-Tramete ist einer der häufigsten Holzbewohner. Die dünnen tellerförmigen Hüte wachsen wie Dachziegel versetzt über- und nebeneinander an totem Holz. Dabei kannst du die Hüte schon auf recht frisch gefällten, nur wenig morschen Stämmen und Ästen finden.

Mach mit!

Die dünnen, bunten Hüte eignen sich für Bastelarbeiten und Gestecke. Damit eventuell daran anhaftende Insekteneier abgetötet werden, solltest du die Hüte vor der Verwendung einige Tage lang in der Tiefkühltruhe aufbewahren. Wenn du dann die aufgetauten Hüte mit Haarspray einsprühst, bleiben die Farben besser erhalten.

Viele Baumpilze eignen sich für Bastelarbeiten.

Da die SchmetterlingsTramete alle toten, liegenden Laubhölzer und Baumstümpfe besiedelt, kommt sie nicht nur in allen Wäldern, sondern überall dort vor, wo eben Holz herumliegt. Nur selten wächst sie auf Nadelholz.

Der Pilz hat einen Durchmesser von 5 bis 10 cm.

Die Schmetterlings-Tramete findest du das ganze Jahr über.

Feb | Mär | Apr | Mai | Jun | Jul | Aug | Sep | Okt | Nov | Dez

Das Judasohr

Auricularia auricularia-judae

Der violettbraune Fruchtkörper des Judasohrs sieht wie ein bräunliches, lappiges Ohr aus. Junge Exemplare sind eher becherförmig. An feuchten Tagen sind Judasohren gut zu erkennen, weil sie dann nicht schrumpelig sind. Das Judasohr ist sehr häufig.

Wichtig zu wissen!

Wenn du genau hinsiehst, ist die **Hexenbutter** gut vom Judasohr zu unterscheiden. Sie heißt auch Warziger Drüsling und wächst flächig auf totem Laubholz. Sie glänzt eingetrocknet schwarz wie Lakritze.

Hexenbutter

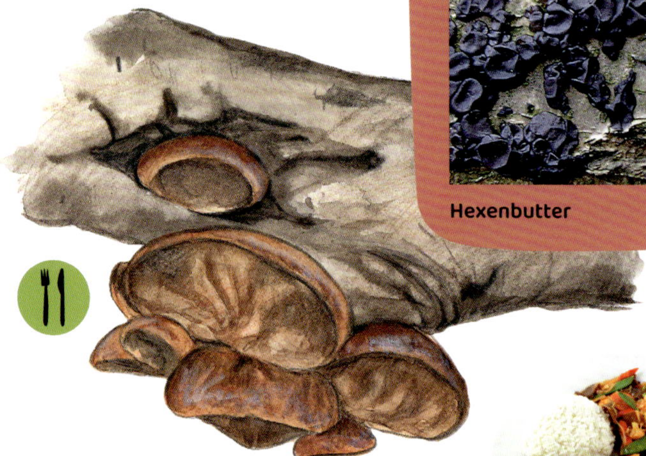

Das Judasohr wächst vor allem auf toten Holunderästen in Wäldern, Gebüschen und am Waldrand, kommt aber auch auf Buchen und anderen Laubbäumen vor.

Die knorpeligen Pilze werden weltweit gegessen, in der asiatischen Küche heißen sie Mu-Err.

Das Judasohr hat einen Durchmesser von 2 bis 10 cm.

Das Judasohr findest du das ganze Jahr über.

Jan | Feb | Mär | Apr | Mai | Jun | Jul | Aug | Sep | Okt | Nov

Der Goldgelbe Zitterling

Tremella mesenterica

Der Goldgelbe Zitterling bricht als gelber Knoten aus der Rinde und sitzt dann auf ihr als gelber Glibber. Die durchsichtigen Fruchtkörper haben eine zähe Außenhaut. Bei trockenem Wetter schrumpelt der Fruchtkörper und wird hart, bei Feuchtigkeit quillt er wieder auf.

Wichtig zu wissen!

Ähnlich glibberig ist der **Rötliche Gallerttrichter**. Er erscheint zwischen Juli und Oktober an feuchten, schattigen Bodenstellen im Wald und am Wegrand zwischen Gräsern. Der Pilz sieht fast wie ein Stück Weingummi aus.

Rötlicher Gallerttrichter

Der Goldgelbe Zitterling wächst auf totem Laubholz. Vor allem besiedelt er die abgefallenen Äste von Buchen, aber auch von anderen Laubhölzern. Meist ist er nur an feuchten Tagen im Herbst, Winter und Frühling sichtbar.

Der Goldgelbe Zitterling hat einen Durchmesser von 2 bis 8 cm.

Den Goldgelben Zitterling findest du das ganze Jahr über.

Feb | Mär | Apr | Mai | Jun | Jul | Aug | Sep | Okt | Nov | Dez

Der Rötende Runzel-Schichtpilz

Stereum rugosum

Der Rötende Runzel-Schichtpilz, der auch Runzeliger Schichtpilz genannt wird, bildet krustenförmige, runzelige Beläge auf Stämmen und Ästen, die als kleine runde Flecken beginnen. Im Lauf der Jahre wachsen diese Flecken zusammen und nehmen dann große Flächen auf dem Holz ein.

Man kann auf diesem Pilz sogar schreiben.

Mach mit!

Frische Fruchtkörper werden rötlich bis blutrot, wenn du mit dem Finger darüberreibst. Das geht ganz schnell. Deswegen hat der Pilz diesen Namen bekommen.

Der Rötende Runzel-Schichtpilz ist ein weitverbreiteter Pilz. Er wächst auf liegenden und stehenden Laubholzstämmen und -ästen, vor allem auf Haseln, aber auch auf Rot-Buchen, Eichen und Erlen.

Der Pilz hat einen Durchmesser von bis zu 50 cm.

Den Rötenden Runzel-Schichtpilz findest du das ganze Jahr über.

Jan | Feb | Mär | Apr | Mai | Jun | Jul | Aug | Sep | Okt | Nov

Der Mottenkugelpilz

Scytinostroma portentosum

Weil der Mottenkugelpilz wie Mottenkugeln stinkt, kam er zu seinem Namen. Er heißt auch Stinkender Lederrindenpilz. Dieser Schichtpilz bildet weißliche bis cremefarbene Beläge auf totem Holz. Im Alter werden diese Beläge rissig und brüchig.

Der Mottenkugelpilz wächst auf totem Laubholz, meist auf liegenden Stämmen oder auf Ästen von Weiden.

Mach mit!

Auf toten Baumstümpfen kannst du noch mehr Schichtpilze entdecken: Den **Violetten Knorpel-Schichtpilz** wirst du wegen seiner Farbe kaum übersehen.

Der Violette Knorpel-Schichtpilz wirkt filzig.

Der Mottenkugelpilz hat einen Durchmesser von 10 cm bis 1 m.

Den Mottenkugelpilz findest du das ganze Jahr über.

Feb | Mär | Apr | Mai | Jun | Jul | Aug | Sep | Okt | Nov | Dez

Gefranster Resupinatstacheling

Steccerinum fimbriatum

Der Gefranste Resupinatstacheling sieht so seltsam aus, wie sein Name klingt. Er gehört zu den Rindenpilzen. Die graurosa bis violetten Fruchtkörper bilden flache Beläge, die dicht mit kleinen Stacheln besetzt sind. Der Außenrand des Pilzes ist häufig ziemlich stark zerfranst.

Mach mit!

Um den Gefransten Resupinatstacheling zu finden, musst du im Frühjahr im Auwald oder feuchten Laubwald dicke, entrindete Äste umdrehen. Auf der Unterseite findest du dann diesen Pilz. Er verursacht die sogenannte Weißfäule. Seine Zellfäden durchwuchern das alte Holz und zersetzen es. Was übrig bleibt, sind weißliche Fasern.

Der Gefranste Resupinatstacheling wächst auf der Unterseite von Laubholzästen und -stämmen, die am Boden liegen. Oft kommt er auf Pappeln, Erlen und Weiden vor, ganz selten auf Nadelholz.

Der Pilz kann über 50 cm lang werden.

Den Gefransten Resupinatstacheling findest du das ganze Jahr über.

Jan | Feb | Mär | Apr | Mai | Jun | Jul | Aug | Sep | Okt | Nov

Scharlachroter Kelchbecherling

Sarcoscypha coccinea

Der Scharlachrote Kelchbecherling bildet kleine schüsselförmige Becher, die innen leuchtend rot und außen mit einem feinen Filz überzogen sind. In feuchtem Zustand schimmert das Licht rötlich durch die Becherwände. Die Pilze sitzen auf einem kurzen weißen Stiel.

Wichtig zu wissen!

Mit den leuchtend scharlachroten Bechern ist dieser Pilz ein ziemlich auffälliger heimischer Becherling. Darum wird er auch Zinnoberroter Prachtbecherling genannt. Um ihn zu finden, solltest du nach der ersten Schneeschmelze im Winter nach ihm Ausschau halten.

Der Scharlachrote Kelchbecherling wächst auf am Boden liegenden Erlen-, Eschen-, Ahorn- und Weidenästen oder anderen Holzresten. Du findest ihn vor allem in Auwäldern und entlang von Bachläufen.

Der Pilz hat einen Durchmesser von 1,5 bis 6 cm.

Den Scharlachroten Kelchbecherling findest du von Januar bis Mai.

Feb	Mär	Apr	Mai	Jun	Jul	Aug	Sep	Okt	Nov	Dez

Falsches Weißes Stängelbecherchen

Hymenoscyphus fraxineus

Das Falsche Weiße Stängelbecherchen bildet winzige weiße, gestielte Becher. Erst im Jahr 2010 wurde dieser Pilz als neue Art beschrieben.

Wichtig zu wissen!

Das Falsche Weiße Stängelbecherchen verursacht das Eschentriebsterben. Der Pilz ist ein Parasit. Er befällt die Äste und Blätter lebender Eschen. Nach einiger Zeit vertrocknen die Äste und Blätter, und die befallenen Baumteile sterben ab.

Sieh dir bei feuchtem Wetter Eschenblätter an, die im Vorjahr abgefallen sind und auf dem Boden liegen. Auf den Mittelrippen erscheint das Falsche Weiße Stängelbecherchen. Du findest es auch auf verfaulten Blättern. Hat der Pilz den Baum befallen, kann es sein, dass er abstirbt.

kranke Esche

Der Pilz hat einen Durchmesser von bis zu 0,7 cm.

Das Falsche Weiße Stängelbecherchen findest du das ganze Jahr über.

Jan | Feb | Mär | Apr | Mai | Jun | Jul | Aug | Sep | Okt | Nov

Der Wasser-Kreisling

Cudoniella clavus

Der milchig weiße und knorpelige Fruchtkörper des Wasser-Kreislings besteht aus einem rundlichen Köpfchen an einem langen, zähen Stiel.

Sumpf-Haubenpilz

Der Wasser-Kreisling besiedelt Laubholzäste und -stücke, die untergetaucht im sauberen Wasser von Bächen und Wassergräben liegen.

Erstaunlich!

Unglaublich, Pilze haben wirklich nahezu alle Lebensräume der Erde erobert: Auch auf Ästen und Holzstücken, die unter oder im Wasser sauberer Gewässer liegen, findest du verschiedene Pilzarten. Dazu gehört der dottergelbe **Sumpf-Haubenpilz**. Er wächst auf in flachen Sümpfen, Tümpeln und Gräben liegenden Nadeln und Zweigen.

Der Wasser-Kreisling hat einen Durchmesser von 0,5 bis 1 cm.

Den Wasser-Kreisling findest du von März bis Juli.

Feb | Mär | Apr | Mai | Jun | Jul | Aug | Sep | Okt | Nov | Dez

Die Rötliche Kohlenbeere

Hypoxylon fragiforme

Die Rötliche Kohlenbeere überzieht ganze Stammteile und Äste mit rostfarbenen Kugeln, die im Alter dann schwarz werden. Die Oberfläche dieser Kugeln ist mit vielen kleinen Warzen bedeckt.

Der Kohlen-Kugelpilz wächst an umgefallenen Laubbäumen.

Mach mit!

Wenn du eine Kohlenbeere durchschneidest, kannst du sie dir genauer anschauen: Innen ist dieser Pilz schwarz und er weist kleine Höhlungen auf. In diesen entstehen die Sporen. Fass den Pilz einmal an: Er ist so hart wie ein Holzkohlestück.

Die Rötliche Kohlenbeere kannst du sehr häufig auf alten Ästen und Stämmen von Buchen finden, die aber ihre Rinde noch haben. Auf anderen Laubhölzern kommen andere, sehr ähnliche Arten vor.

Der Pilz hat einen Durchmesser von 0,5 bis 1,5 cm.

Die Rötliche Kohlenbeere findest du das ganze Jahr über.

Jan | Feb | Mär | Apr | Mai | Jun | Jul | Aug | Sep | Okt | Nov

Der Zinnoberrote Pustelpilz

Nectria cinnabarina

Wie kleine Pusteln überzieht dieser Pilz die Äste und Stämme frisch gefällter Bäume. Die kleinen Fruchtkörper des Zinnoberroten Pustelpilzes brechen unter der Rinde hervor. Dicht an dicht sitzen mehrere kleine rote, rundliche Fruchtkörper zu Häufchen zusammen.

Wichtig zu wissen!

Es gibt bei uns zahlreiche verschiedene Pustelpilzarten, die sich äußerlich gleichen. Manche Pustelpilze sind aggressive Parasiten. Sie dringen an verletzten Stellen der Rinde in den Baum ein und verstopfen die Leitungsbahnen, sodass Teile des Baums absterben, oder verursachen eine Art Krebs im Baum.

Der Zinnoberrote Pustelpilz befällt verschiedene Laubbäume in den Wäldern, nachdem sie gefällt wurden. Er ist sehr häufig zu finden.

Der Zinnoberrote Pustelpilz hat einen Durchmesser von 0,3 cm.

Den Zinnoberroten Pustelpilz findest du das ganze Jahr über.

Feb | Mär | Apr | Mai | Jun | Jul | Aug | Sep | Okt | Nov | Dez

Der Birnengitterrost

Gymnosporangium sabinae

Auf den Blättern von Birnbäumen bildet der Birnengitterrost orange Flecken auf der Blattoberseite. Drehst du das Blatt um, entdeckst du im Herbst auf der Unterseite bräunliche Ausstülpungen, in denen die Wintersporen heranreifen.

Blattunterseite

Blattoberseite eines Birnenblatts

Der Birnengitterrost braucht zum Überleben Birnbaum und Wacholderstrauch.

Birnengitterrost auf Wacholder

Erstaunlich!

Der Birnengitterrost hat einen komplizierten Lebenszyklus. Er wächst im Sommer auf Birnenblättern und im Winter auf Wacholder. Im Frühjahr weht der Wind die Sporen vom Wacholder zu den frisch austreibenden Birnenblättern. Dort wächst der Pilz und bildet Sommersporen, die andere Birnenblätter befallen. Ab August/September werden die Wintersporen gebildet, die mit dem Wind zu Wacholderbüschen getragen werden. Dort bildet der Pilz braune, glibbrige Verdickungen an den Trieben, in denen wieder Sporen entstehen.

Der Pilz hat auf Birnenblättern einen Durchmesser von 2 cm.

Den Birnengitterrost findest du von Juni bis Oktober.

Jan	Feb	Mär	Apr	Mai	Jun	Jul	Aug	Sep	Okt	Nov

Der Echte Rosentaupilz

Podosphaera pannosa

Auf der Blattoberseite, am Blütenstängel oder den Blüten von Rosen bildet der Echte Rosentaupilz eine mehlig weiße Schicht. Weil diese eben wie Mehl oder auch wie Tau aussieht, heißt die Pilzgruppe, zu der der Echte Rosentaupilz gehört, Echter Mehltau.

Hier sind Rosenknospen vom Echten Mehltau befallen.

Wichtig zu wissen!

Der Echte Rosentaupilz ist ein Echter Mehltaupilz. Zu dieser Pilzgruppe gehören noch viele weitere Arten. Sie wachsen auf Apfelbäumen, Gemüse, Stachelbeeren, Weinreben und verschiedenen Zimmerpflanzen. Auch die **Falschen Mehltaupilze** sind gefürchtet: Sie bilden eine graubraune Schicht auf zum Beispiel Gurkenblättern, Salat und Weinblättern.

Sieht ein Gurkenblatt so aus, ist es auf der Unterseite vom Falschen Mehltau befallen.

Der Echte Rosentaupilz befällt die Zweige, Blattstiele, Laub- und Kelchblätter von Rosen, aber auch andere verwandte Gehölze, vor allem den Pfirsich.

Der Echte Rosentaupilz hat zentimeterlange Zellfäden.

Den Echten Rosentaupilz findest du von März bis September.

Feb | Mär | Apr | Mai | Jun | Jul | Aug | Sep | Okt | Nov | Dez

Der Gemeine Brotschimmel

Rhizopus stolonifer

Der Gemeine Brotschimmel bildet einen gräulichen Rasen auf den befallenen Lebensmitteln. Während er sich von den leckeren Inhaltsstoffen ernährt, wächst er mit seinen Zellfäden in alle Richtungen weiter, also zum Beispiel auch tiefer in das Brot hinein. Im Lauf der Zeit durchdringen diese Fäden das ganze Lebensmittel. Deshalb reicht es nicht, den Pilz oberflächlich abzukratzen, um ihn loszuwerden.

Wichtig zu wissen!

Der Gemeine Brotschimmel ist nicht der einzige Schimmelpilz, den du auf Brot entdecken kannst. Es gibt viele Schimmelpilzarten, die die unterschiedlichsten Lebensmittel befallen. Schimmelige Nahrungsmittel solltest du nicht verzehren, denn die Schimmelpilze bilden Gifte darin.

Der Gemeine Brotschimmel wächst auf zuckerhaltigen Lebensmitteln wie Brot, Gebäck oder Süßkartoffeln. Er kommt aber auch auf Erdbeeren, Pflaumen und anderen Früchten vor.

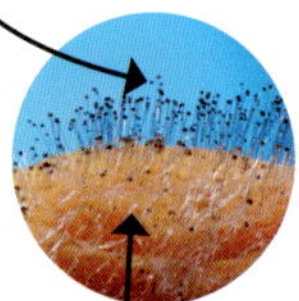

Der Schimmelpilz wächst langsam durch das ganze Brot.

schimmelige Erdbeeren

Der Gemeine Brotschimmel bildet zentimeterlange Zellfäden.

Den Gemeinen Brotschimmel findest du das ganze Jahr über.

Jan | Feb | Mär | Apr | Mai | Jun | Jul | Aug | Sep | Okt | Nov

Die Backhefe

Saccharomyces cerevisiae

Im Handel wird die Backhefe als frischer Hefewürfel im Kühlregal oder als pulvrige Trockenhefe in kleinen Tütchen angeboten. Frische Backhefe hat eine helle Farbe, duftet angenehm und lässt sich in Stücke brechen.

Backhefe

Hefe kommt in der Natur fast überall vor, auch auf vielen Obstsorten. Da sich Hefe von Zucker ernährt, geht es ihr auf reifen Früchten besonders gut. Ist die Fruchtschale ein wenig verletzt oder aufgeplatzt, kann sie sich auf dem Fruchtfleisch bestens vermehren. Sie sitzt zum Beispiel auf Pflaumen, Kirschen oder Weintrauben. Für das Bierbrauen oder zum Backen wird Hefe in Fabriken in großen Mengen gezüchtet.

Mach mit!

Saccharomyces, der wissenschaftliche Name der Backhefe, heißt auf Deutsch „Zuckerpilz", weil sich die Hefe von Zucker ernährt. Aus Backhefe wird süßer und salziger Hefe- und Sauerteig für Gebäck, Brot und Pizza hergestellt.

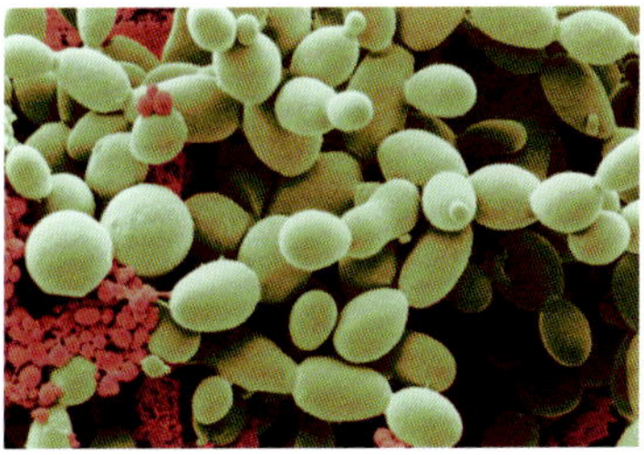

Jeweils ein Kügelchen ist ein Hefepilz. Zum Vermehren teilt sich der Pilz einfach in zwei Kugeln.

Die Hefe ist viel kleiner als 1 mm (Durchmesser 0,01 mm).

Die Hefe kommt zu jeder Jahreszeit in der Natur vor.

Feb | Mär | Apr | Mai | Jun | Jul | Aug | Sep | Okt | Nov | Dez

Tier, Pflanze oder was?

Auf den ersten Blick könntest du Pilze für Pflanzen halten, denn Tiere sind sie ja eindeutig nicht. Doch siehst du so etwas wie Blätter, Blüten und Früchte und vor allem den grünen Blattfarbstoff? All das gibt es bei Pilzen nicht! Also sind sie keine Pflanzen. Neben dem Tierreich und dem Pflanzenreich gibt es deshalb noch das **Reich der Pilze**.

Pilze sind keine Tiere, aber auch keine Pflanzen.

Schau genau!

An einem liegenden Baumstamm kannst du oft die dachförmigen Hüte von Porlingen entdecken. Manchmal zeigen die Pilzhüte in verschiedene Richtungen. Die nun senkrecht stehenden Pilzhüte haben sich gebildet, als der Baum noch stand, die waagerechten Hüte erst, nachdem der Baum gefällt wurde. Warum? Bei Pilzhüten weist die Sporenschicht stets nach unten, damit die Sporen nach unten fallen können.

Guten Appetit!
Die Zellen der Pilze werden aus Chitin gebildet, das auch im Außenskelett von Krebsen, Spinnen und Insekten vorkommt. Pilze gelten als schwer verdaulich.

Im Verborgenen

Das, was man „Pilz“ nennt und was über der Erde zu sehen ist, ist in Wirklichkeit nur der **Fruchtkörper** mit den **Sporen** – also so etwas wie der Apfel mit seinen Apfelkernen am Apfelbaum. **Im Erdboden, im morschen Holz** oder auch **in lebenden Bäumen** wächst der eigentliche Pilz. Das sind weiße, lange Fäden. Diese Pilzfäden sind wie ein Geflecht. Man nennt es **Myzel**. Das Myzel bildet nur für kurze Zeit die Fruchtkörper. Aus den dort gebildeten Sporen wachsen wieder neue Pilzfäden.

Rekord!

Kilometerlange Pilzfäden ziehen sich durch den Boden, wickeln sich um Baumwurzeln oder dringen in den Stamm der Bäume ein. Der größte Pilz der Welt ist ein Hallimasch und wächst in Oregon (USA). Er dehnt sich unterirdisch auf einer Fläche von etwa 1200 Fußballfeldern aus.

Der Pilz, hier ein Trompetenschnitzling, bildet aus seinem Myzel auch die Fruchtkörper.

Myzel

Erstaunlich!

Manche Pilze bilden mit ihren Fruchtkörpern einen Kreis oder Ring. Sie heißen **Hexen-** oder **Feenringe,** denn früher dachten die Menschen, sie wären durch Magie entstanden. Heute wissen wir, dass sich das Pilzmyzel auf der Suche nach Nährstoffen im Boden von einem Punkt aus gleichmäßig in alle Richtungen ausbreitet. Jedes Jahr bildet es am äußeren Rand Fruchtkörper, den Hexenring. Im Wald und auf Wiesen, im Rasen von Parks und Gärten kannst du sie entdecken.

Hexenring eines Nelken-Schwindlings: Weil das Myzel jedes Jahr weiterwächst, werden die Ringe immer größer.

Wovon ernähren sich Pilze?

Pilze sind uns Menschen und den Tieren sehr ähnlich, denn sie sind auf Nahrungszufuhr angewiesen. Nur Pflanzen und manche Bakterien können mit ihrem grünen Blattfarbstoff aus Kohlenstoffdioxid und Wasser mithilfe des Sonnenlichts Zucker herstellen (Fotosynthese). Die meisten Pilze sind Vegetarier. Manche zersetzen aber auch tote Tiere, sitzen auf Käse oder fühlen sich als Fußpilz wohl (siehe S. 107).

Nachbarschaftshilfe – die Gemeinschaft von Pilz und Baum
Mykorrhizapilze leben mit Bäumen in einer engen **Lebensgemeinschaft.** Die Wurzeln des Baums und das Myzel des Pilzes umschlingen sich und bilden eine enge Verbindung. Pilz und Baum helfen sich gegenseitig. Der Baum kann durch das Pilzmyzel leichter Wasser und Mineralien aus dem Boden aufnehmen.
Dafür versorgt er den Pilz mit zuckerhaltigen Verbindungen als Nahrung. Manche Waldexperten sind der Meinung, dass Waldsterben und kranke Wälder auch mit dem Rückgang der Pilze zu tun haben – schließlich sind rund ein Drittel der etwa 4400 heimischen Pilzarten gefährdet.

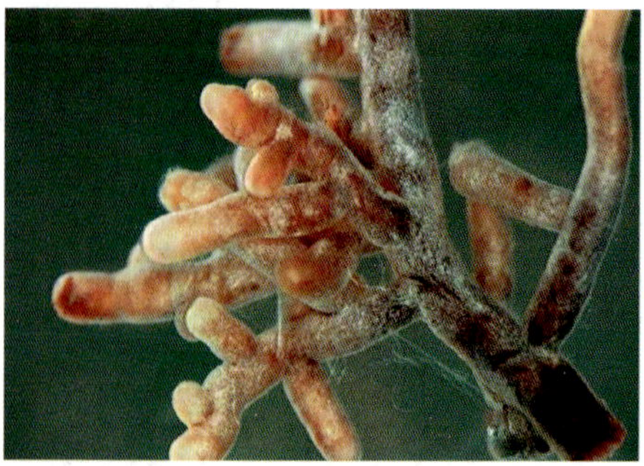

Die braunen Wurzeln sind von zarten weißlichen Pilzfäden umhüllt.

Manche Pilze wachsen nur unter ganz bestimmten Bäumen. Zum Beispiel wächst der Goldgelbe Lärchen-Röhrling unter Lärchen.

Der Ästchen-Schwindling zersetzt totes Holz.

Zuständig für die Müllabfuhr – die Zersetzer

Pilze können Stoffe aus der Natur, etwa totes Holz, Laub oder tote Insekten, in ihre Grundbestandteile zerlegen. Sie nehmen die noch darin enthaltenen Stoffe als Nahrung auf – zum Beispiel Zucker oder Eiweiße. Übrig bleiben **Mineralien**. Die sind ein wichtiger **Dünger** für die Pflanzen. Gäbe es keine Pilze, würde vor allem der Wald bald an seinem eigenen Blätter- und Holzmüll ersticken.

Auch Kot wird von Pilzen zersetzt.

Mach mit!

Heb von einem Komposthaufen vorsichtig eine dickere Schicht von oben ab. Jetzt wuseln erst einmal alle Bewohner, wie Regenwürmer und Kellerasseln, davon. Danach kannst du in Ruhe eine Menge weißlicher Fäden betrachten. Das sind Pilze, die sich vom Kompost ernähren. Das Zersetzen der Abfälle ist übrigens harte Arbeit, bei der Wärme entsteht. Deshalb ist es im Komposthaufen warm.

Wer schwach ist, wird gefressen – die Parasiten

Hallimasch, Schwefel-Porling und andere Pilze befallen lebende Bäume, die aber oft schon durch Krankheiten geschwächt sind. Der Schmarotzer-Röhrling sucht sich keine Bäume als Wirt, sondern einen anderen Pilz. Weil die Opfer der Parasiten oft recht rasch absterben, gelten diese Pilze als gefürchtete Schädlinge.

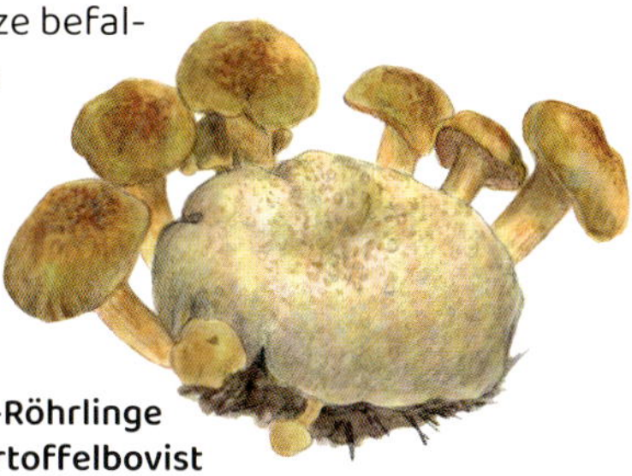

Schmarotzer-Röhrlinge auf einem Kartoffelbovist

Giftig, ungenießbar, essbar

Giftig oder nicht, das ist bei Pilzen meistens nur schwer zu entscheiden. Die meisten Pilze, die du bei uns finden kannst, sind einfach **ungenießbar**. Wieder andere wirken giftig, manche sogar **tödlich giftig**. Es gibt aber auch Arten, die **essbar** sind und sehr gut schmecken. Die meisten Speisepilze sind roh giftig, gut gekocht aber essbar. Und bei vielen Pilzen weiß man gar nichts darüber.

Wichtigste Regeln für Pilzkenner

1. **Sammle nur, was du sicher bestimmen kannst!**
2. **Pilze niemals roh essen!**

Pilzgifte

Giftpilze enthalten unterschiedliche **Giftstoffe**, die verschieden wirken. Sie zerstören die Leber (z.B. Knollenblätterpilze, Gift-Häubling) oder schädigen die Nieren (z.B. Spitzbuckeliger Raukopf), wirken auf die Nerven (z.B. Frühjahrs-Lorchel) oder greifen das Blut an (z.B. Kahler Krempling). Manche Giftpilze führen auch zu Halluzinationen und verwirren das Bewusstsein (z.B. Fliegenpilz, Pantherpilz). Viele Gifte führen zu Erbrechen, Durchfall und Krämpfen (z.B. Kartoffelbovist). **Richtiges Bestimmen bei Pilzen ist deshalb ganz besonders wichtig!** Denn oft sehen sich giftige und essbare Pilze zum Verwechseln ähnlich.

Einige tödlich giftige Pilze, die bei uns wachsen ...

Grüner Knollenblätterpilz

Spitzkegeliger Knollenblätterpilz

Spitzbuckeliger Raukopf

Kahler Krempling

Pilzvergiftung ... was tun?

- Bei den ersten Vergiftungsanzeichen sofort einen Arzt aufsuchen oder die Giftnotrufzentrale anrufen. Hast du ernste Vergiftungserscheinungen, geh gleich ins Krankenhaus. Auf keinen Fall Hausmittel ausprobieren.
- Pilzreste der Mahlzeit oder vom Putzen sicherstellen und mitnehmen, auch Erbrochenes. Nur so kann der geprüfte Pilzsachverständige erkennen, welche Pilze du gegessen hast. Er kann das auch mit diesen Resten. Um den Pilzexperten kümmert sich das Krankenhaus oder die Giftnotrufzentrale.
- **Die Giftnotrufzentrale für deine Region findest du im Internet. Es hilft dir aber jede Giftnotrufzentrale weiter. Eine Liste der Giftnotrufzentralen findest findest du auf den Klappen dieses Buches.**

Wer hat am Pilz genascht?
Schnecken, Rehe, Eichhörnchen, Hasen und viele andere Wildtiere fressen gerne Pilze. Findest du ihre Fraßspuren an den Fruchtkörpern, ist dies aber kein Zeichen dafür, dass der Pilz ungiftig ist. Da Tiere einen anderen Stoffwechsel als Menschen haben, machen ihnen manche Gifte nichts aus. Viele Fliegen- und Mückenlarven verbringen die Larvenzeit auch in einem giftigen Pilzkörper, den sie bald mit Fraßgängen durchziehen.

ft-Häubling

Frühjahrs-Lorchel

Orangefuchsiger Raukopf

Eichhörnchen mögen Pilze. Sie können ohne Probleme sogar die für uns tödlichen Grünen Knollenblätterpilze fressen.

In die Pilze

Viele Menschen gehen gern „in die Pilze" – so nennen sie es, wenn sie im Wald Pilze sammeln. Meist kennen sie gute Stellen, an denen sie Steinpilze, Pfifferlinge und andere Pilze finden – und diese Stellen halten sie oft geheim.

Wichtig zu wissen!

Das brauchst du zum Pilzesammeln:

- luftdurchlässigen Korb aus Weide oder Bast. Papier- oder Plastiktüten sind nicht geeignet, da die Pilze darin gequetscht und dann sogar giftig werden können!
- Bestimmungsbuch für Pilze
- Klapp- oder Pilzmesser, um Pilze zu ernten und, wenn man sie kennt, zu säubern. **Unbekannte Pilze lässt du stehen.**

Manche Sammlerinnen und Sammler haben schon ihr eigenes Pilzrevier.

Manche Vereine organisieren Pilzausstellungen. Auch dort kannst du Pilzsachverständige finden.

Pilze sammeln – nur mit den Profis
Vertrau beim Pilzesammeln den geprüften **Pilzsachverständigen** und geh bei einer geführten Exkursion mit. Volkshochschulen bieten zum Beispiel jedes Jahr Exkursionen mit Pilzexperten an. Dabei erfährst du ganz viel über Pilze. Die Experten kennen bestimmt die richtigen Antworten auf deine Fragen.

Pilze richtig sammeln

- Kennt man den Pilz, kann man ihn abschneiden. Willst du ihn erst bestimmen, musst du den Pilz im Ganzen herausheben, die **charakteristische Stielbasis** muss unverletzt bleiben. Auch andere auffällige Merkmale wie **Manschetten** darfst du nicht entfernen. Das Wichtigste kommt danach: Deck die Stelle mit Laub oder Erde zu, damit das Pilzmyzel im Boden gut geschützt ist.
- Pilze, die auf Holz wachsen, werden mit einem Messer abgeschnitten.
- Alte Exemplare lässt du stehen. Sie sind oft schon weich oder von Maden befallen.
- Ganz junge Pilze sollte man nicht ernten. Sie sind schwer zu bestimmen, weil sie oft noch nicht die typischen Artmerkmale aufweisen.
- Geschützte Pilze werden nicht gesammelt.
- Denk daran: Pilze haben eine wichtige Rolle im Naturgefüge. Du solltest also nicht alles zusammensammeln, was du an essbaren Pilzen finden kannst. Erstens schaffst du es gar nicht, so viel zu essen, und zweitens kann man Pilze nicht länger als **einen Tag** aufheben, sie werden schnell schlecht.

Pilzberatungsstellen

Wer auf eigene Faust sammelt, sollte seinen Fund bei einer **Pilzberatungsstelle** vorlegen. Pilzsachverständige prüfen hier, ob du deine Pilze richtig erkannt hast. Pilze nur mithilfe eines Pilzbestimmungsbuchs zu bestimmen, **reicht nicht!**

Pilze sollte man nicht waschen, sondern einfach nur von Nadelblättern und Erde säubern. Das hier gibt eine leckere Pfifferling-Mahlzeit.

Im Kiefern-Nadelwald findest du Steinpilze, die Krause Glucke, den Edel-Reizker, aber auch die giftige Frühjahrs-Lorchel.

Wann und wo findet man draußen Pilze?

Da Pilze zum Wachsen Feuchtigkeit und mäßige Wärme benötigen, hast du am meisten Glück an sonnigen Tagen, die auf Regentage folgen. Im Frühsommer und Sommer wachsen viele Pilze vor allem an den **Rändern der Laubwälder**, in **Parks** und an **Wegrändern**. Im Herbst lohnt es sich **im Laubwald** und besonders **im Nadelwald**. Doch auch außerhalb dieser Hauptpilzzeiten kannst du interessante Pilze finden (siehe auch Buch-Klappen).

Mein Pilzgarten
Auf dem Markt und in den Gemüseabteilungen werden zum Beispiel Champignons und Austern-Seitlinge das ganze Jahr über angeboten. Klar, dass diese Pilze nicht draußen gesammelt, sondern von Pilzzüchtern angebaut werden. Das kannst du auch bei dir zu Hause!

Erstaunlich!

In Frankreich werden die kostbaren Trüffelpilze in Trüffelplantagen, den „Truffières“, angebaut.

... und wie groß ist euer Keller? So werden Zuchtchampignons zum Verkauf kultiviert.

Bisher können nur Zersetzer (Pilze, die auf dem Boden oder auf totem Holz wachsen) gezogen werden – vor allem Champignons, Austernpilze und Shiitake. Mit Mykorrhiza-Pilzen, die als Partner zum Beispiel Bäume haben, geht das noch nicht. Um Pilze anzubauen, brauchst du ein geeignetes **Substrat** wie Stroh, Holz oder Ähnliches und natürlich das Wichtigste: die **Pilzbrut**. Das sind Sporen oder lebende Pilzkulturen. Pilzkulturen benötigen nur wenig Platz. Du kannst sie auf dem Balkon, im Garten oder im Keller aufstellen. Du kannst sogar Sets kaufen, die für Beete im Garten geeignet sind.

Mach mit!

Zucht-Champignons anbauen

Du brauchst:Fertigkultur, bei der das Myzel das Substrat schon durchwachsen hat (kann man bestellen)

So geht's: Füll das Substrat in eine Anzuchtschale oder Holzkiste und bedeck es mit Erde. Über das Gefäß kommt eine Folie oder ein Klarsichtdeckel. Stell die Kultur an einen Platz mit Temperaturen von 12 bis 20 °C. Halte das Substrat gut feucht. Wenn sich die ersten Fruchtkörper zeigen, entfernst du die Abdeckung. Dann beginnt bald die Ernte.

Mach mit!

Austernpilze anbauen

Du brauchst: Fertigkultur – einen mit dem Myzel durchwachsenen Substratballen (kann man bestellen)

So geht's: Stell den Substratballen senkrecht in einem Raum mit hoher Luftfeuchtigkeit auf. Die Temperatur sollte 18 bis 25 °C betragen. Besprüh den Ballen täglich mit Wasser. Haben die Pilzhüte eine Größe von 8 bis 12 cm erreicht, kannst du sie nacheinander ernten. Lies auf jeden Fall auch die Gebrauchsanweisung.

Champignonmyzel mit erstem Fruchtkörper

Mit Pilzen experimentieren

Pilze sammeln ist spannend und macht Spaß. Aber man muss sie nicht unbedingt danach essen. Man kann auch noch mehr mit ihnen machen.

Sporenbilder
Sammele dazu am besten Pilze mit Lamellen auf den Hutunterseiten – oder kauf dir ein paar Champignons. Wichtig ist, dass die Pilze ganz frisch sind!

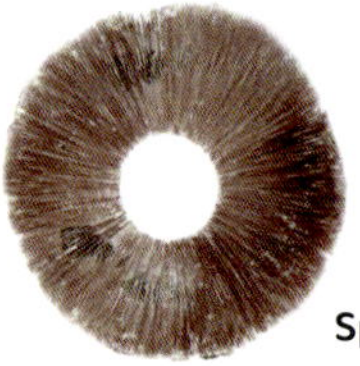

Sporenbild

Erstaunlich!

Manche Pilze duften nach Marzipan, Anis, Parfüm, Seife oder Mehl, andere stinken nach Chlor, Schwefel oder Aas: Schnuppere an den Pilzen. Nach was riecht der Pilz für dich? Was riechen deine Freunde?

Wichtig zu wissen!

Die Farbe der Sporen ist für Pilzexperten ein wichtiges Bestimmungsmerkmal, um ähnliche Arten leichter voneinander zu unterscheiden.

Mach mit!

So machst du Sporenbilder!

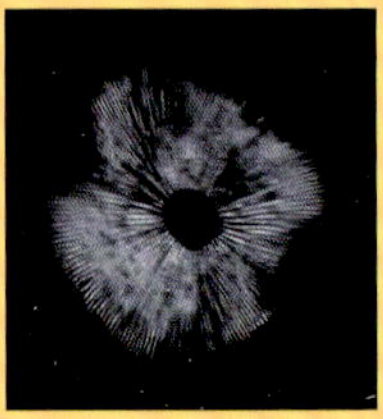

Du brauchst: verschiedene Lamellenpilze, am besten mit unterschiedlicher Sporenfarbe

So geht's: Entfern zunächst die Stiele. Leg dann die Pilzhüte mit der Unterseite auf ein Blatt Papier und lass sie über Nacht liegen. Am nächsten Morgen hebst du die Pilzhüte vorsichtig an. Unter jedem Hut siehst du nun ein Muster, das die Struktur der Lamellen aufweist. Dieses Muster stammt von den Sporen, die aus den Lamellen herausgefallen sind. Nicht pusten, denn sonst fliegen die ultraleichten Sporen auf! Um das Bild zu fixieren, sprühst du es ganz vorsichtig mit Haar- oder Fixierspray (aus dem Künstlerbedarf) ein. Manche Pilze produzieren weiße Sporen – dann nimmst du besser schwarzes Papier.

Mach mit!

Feuer machen wie im Mittelalter

Du brauchst:

- Schutzbrille
- feuerfeste Unterlage
- Feuerschläger aus Eisen
- Feuerstein
- trockenen Zunder (gekauft)
- trockenes brennbares Material: Distelsamen, Heu, Stroh, dünne, Zweige, Holz

So geht's: Setz die Schutzbrille auf. Nimm ein Stück Zunder, rau ihn etwas auf und leg es auf die feuerfeste Unterlage. Mit der einen Hand hältst du den Feuerschläger über den Zunder, in die andere Hand nimmst du den Feuerstein. Streif mit kurzen Schlägen den Feuerstein am Feuerschläger entlang. Dabei entstehen am Eisen Funken, die auf den Zunderschwamm fallen sollten. Hast du eine glimmende Stelle, dann puste sie vorsichtig an und leg Distelsamen darauf, puste wieder leicht. Züngelt ein Flämmchen? Nun kannst du ein bisschen Heu nachlegen. Brennt dieses, dann nimm das Stroh dazu. Mit dem brennenden Stroh kannst du jetzt die dürren Zweige und später das Holz anzünden. Aber lass dich nicht entmutigen. Am Anfang ist es echt schwer.

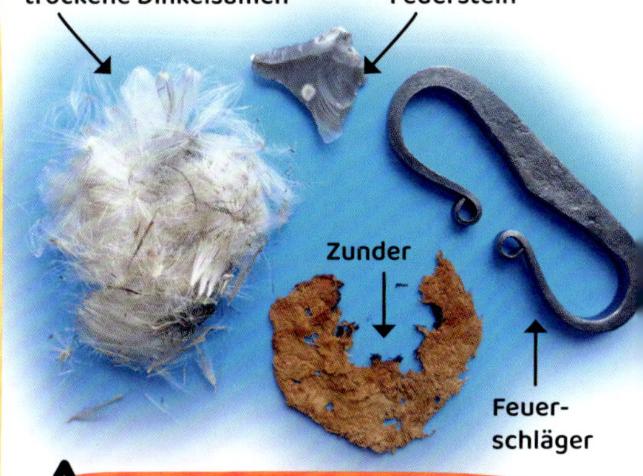

Achtung!

Hol dir zu deiner Aktion immer einen Erwachsenen dazu und experimentier immer draußen an einer windgeschützten, geeigneten Stelle!

Feuer machen mit dem Zunderschwamm

Früher wurden sogar Kappen aus Zunderschwamm gemacht.

Ein Feuer zu machen geht heute ziemlich einfach. Dafür haben wir Streichhölzer oder ein Feuerzeug. Früher war das allerdings eine wirklich schwierige Aufgabe. Holz gab es genug, aber um eine Flamme zu entfachen, brauchte man die richtige Ausrüstung und Geschick. Wie man seit der Steinzeit Feuer macht, kannst du beispielsweise in Naturkundemuseen erfahren. Zum Nachmachen gibt es auch alles komplett zu kaufen.

Nützlich oder schädlich?

Hefe – mikroskopisch klein, aber wichtig

Zu den bekanntesten Nutzpilzen gehören die Hefen. Es sind mikroskopisch kleine, einzellige Pilze (siehe Seite 93). Hefen nehmen Zucker als Nahrung auf und geben als Abfallstoffe Alkohol und Kohlenstoffdioxid ab. Wir brauchen Hefe bei der Wein- und Bierherstellung, aber auch zum Backen. Ein Hefeteig besteht aus Mehl, Zucker, Hefe und Milch. Die Hefe blubbert das Kohlenstoffdioxid in den Teig, dieser geht dadurch auf und wird schön locker.

Zutaten für einen Hefeteig.

Schädliche Pilze

Schimmelpilze sind für uns schädliche Pilze. Sie befallen verschiedene Lebensmittel und vergiften sie (siehe Seite 92). Auch an feuchten Zimmerwänden treten sie auf. Wenn sie Sporen freisetzen, können Menschen diese einatmen und gesundheitlich leiden. Es gibt auch Pilze, die den menschlichen Körper befallen – wie Fuß- oder Nagelpilz. Diese Pilze ernähren sich von Hornsubstanzen der Haut und der Nägel. Eine Infektion ist nicht nur unangenehm, sondern auch ansteckend.

Den Schimmelpilz in der Wohnung sollte man schnell entfernen.

Weißlicher Schimmel auf Gemüseresten – das Dunkle oben links sind Sporen.

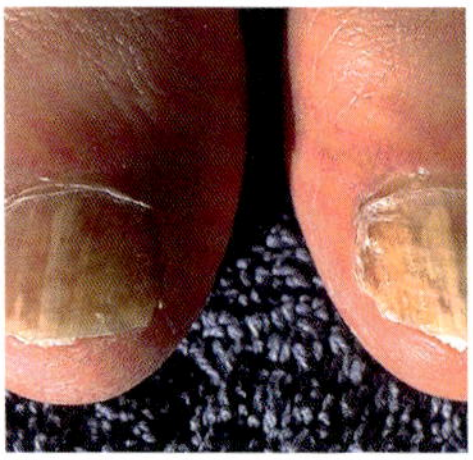

Fuß- oder Nagelpilze befallen den menschlichen Körper.

Pilze für den Käse
Auch bei der Käseherstellung werden Pilze eingesetzt. Camembert und Brie bekommen zum Beispiel durch bestimmte Pilze die typische weißliche Rinde und mit ihr den besonderen Geschmack. Die blauen Stellen in Blauschimmelkäsesorten wie dem Roquefort entstehen durch einen Pinselschimmel, dessen Sporen blau sind. Wusstest du, dass dieser Schimmel mit dem Pilz verwandt ist, der Penizillin erzeugen kann. Verrückt, oder?

Sieh dir die blauen Stellen im Käse einmal genauer an. Man erkennt den Schimmel sofort.

Erstaunlich!

1928 entdeckte der englische Bakteriologe Alexander Fleming zufällig das Antibiotikum Penizillin. Er hatte Bakterien auf Nährböden kultiviert, die während seiner Abwesenheit von einem Schimmelpilz befallen wurden. Nach seiner Rückkehr stellte er fest, dass sich rund um die Schimmelstellen die Bakterien nicht vermehrt hatten. Daraufhin untersuchte er die Wirkung dieses Penicillium-Pilzes. Der Pilz produzierte einen Stoff, der Bakterien abtötete – das Antibiotikum Penizillin. Antibiotika verdanken seitdem viele Menschen ihr Leben.

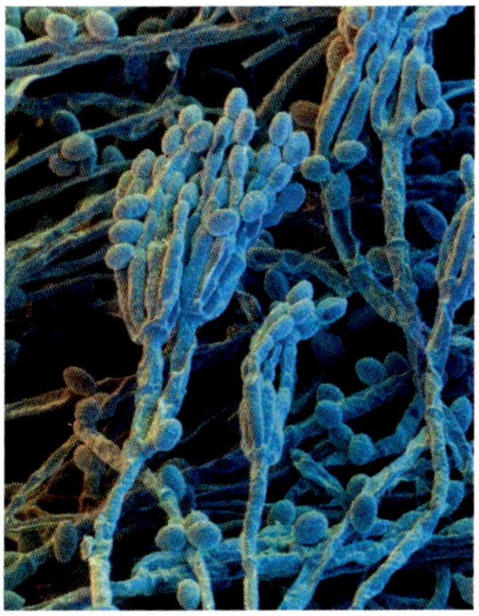

Warum Penicillium roqueforti aus dem Käse ein Pinselschimmel ist, siehst du im Mikroskop.

Schnelle Suche mit Stichwörtern

Glossar

Auwald: Wald entlang einem Bach oder Fluss. In regenreichen Zeiten wird der Auwald überflutet. Fällt wenig Regen, trocknet der Boden wieder ab.

Fruchtkörper: Das, was im Allgemeinen als Pilz bezeichnet wird, ist nur der Fruchtkörper des Pilzes. Er dient der Produktion von Sporen, mit denen sich Pilze vermehren und fortpflanzen.

Hexenei: Bei einigen Pilzen, wie der Stinkmorchel oder dem Tintenfischpilz, ist der Fruchtkörper zuerst ein eiförmiges Gebilde, das bei der Reifung auswächst.

Hexenring: Viele Fruchtkörper eines Pilzes stehen im Kreis (siehe Seite 95).

Lamelle: siehe Lamellenpilz

Lamellenpilz (Blätterpilz): Hutpilz mit Lamellen auf der Hutunterseite. Die Lamellen sind dünne, blattartige Scheibchen und strahlig angeordnet. In ihnen werden die Sporen gebildet.

Lebensgemeinschaft: Zusammenleben von verschiedenen Lebewesen, zum Beispiel von Pilzen und Bäumen in einem bestimmten Lebensraum.

Myzel: feines, fädiges Geflecht im Boden oder in pflanzlichem Material wie zum Beispiel Totholz oder abgestorbenen Baumstämmen. Es ist der eigentliche Pilz, aus dem die Fruchtkörper entstehen.

Mykorrhiza: Lebensgemeinschaft zwischen Pilz und Baum. Der Pilz wickelt sein Myzel um die feinen Wurzeln des Baumes. So können Pilz und Baum Stoffe austauschen. Der Baum gibt dem Pilz Nährstoffe wie Zuckerverbindungen, der Pilz hilft dem Baum, Wasser und Mineralien aufzunehmen.

Parasit (Schmarotzer): Lebewesen, das auf oder in einem anderen Organismus (Lebewesen) lebt, sich von ihm ernährt und ihn schädigt oder gar abtötet.

Pore: siehe Röhrenpilz

Porling: Gruppe von Pilzen mit poren- oder wabenartiger Hutunterseite, die auf lebendem oder totem Holz wachsen.

Röhre: siehe Röhrenpilz

Röhrenpilz: Hutpilz mit feinen Röhren auf der Hutunterseite. Die Röhren sehen oft aus wie ein Schwamm. Sie haben nach unten eine Öffnung, die Pore. In den Röhren werden die Sporen gebildet.

Sporen: sind die „Samen" der Pilze.

Totholz: abgestorbene Stämme, Äste und Zweige

Zersetzer: Lebewesen, das tote Blätter, Holz und andere organische, also tierische oder pflanzliche Materie abbaut und in Mineralien und Nährstoffe zerlegt.

© NABU/E. Neuling

Herbsttrompete
58

Ohrlöffel-Stacheling
59

Stinkmorchel
60

Speise-Morchel
61

Frühjahrs-Lorchel
62

Kugelige, keulenartige und zungenförmige Pilze

Riesen-Bovist
63

Flaschen-Stäubling
64

Dickschaliger Kartoffelbovist
65

Gewimperter Erdstern
66

Gestreifter Teuerling
67

Sommer-Trüffel
68

Tintenfischpilz
69

Buchen-Stachelbart
70

Steife Koralle
71

Herkules-Riesenkeule
72

Krause Glucke
73

Klebriger Hörnling
74

Geweihförmige Holzkeule
75